Ontdek gratis online spelletjes

Hier verkrijgbaar:

BestActivityBooks.com/FREEGAMES

5 TIPS OM TE BEGINNEN!

1) HOE OP TE LOSSEN

De Puzzels zijn in een Klassiek Formaat:

- Woorden worden verborgen zonder pauzes (geen spaties, streepjes, ...)
- Oriëntatie: Voorwaarts & Achterwaarts, Boven & Beneden of in Diagonaal (kan in beide richtingen)
- Woorden kunnen elkaar overlappen of kruisen

2) ACTIEF LEREN

Naast elk woord is een spatie voorzien om de vertaling te noteren. Om actief te leren vindt u een **WOORDENBOEK** aan het einde van deze editie om uw kennis te controleren en uit te breiden. U kunt elke vertaling opzoeken en opschrijven, de woorden in de puzzel vinden en ze vervolgens aan uw woordenschat toevoegen!

3) TAG JE WOORDEN

Hebt u al geprobeerd een labelsysteem te gebruiken? U zou bijvoorbeeld de woorden die moeilijk te vinden waren kunnen markeren met een kruis, de woorden die u leuk vond met een ster, nieuwe woorden met een driehoek, zeldzame woorden met een ruit enzovoort...

4) ORGANISEER UW LEREN

Wij bieden ook een handig **NOTITIEBOEKJE** aan het eind van deze uitgave. Of u nu op vakantie, op reis of thuis bent, u kunt uw nieuwe kennis gemakkelijk ordenen zonder dat u een tweede notitieboek nodig hebt!

5) AFGESLOTEN?

Ga naar de bonussectie: **FINAAL UITDAGING** om een gratis spel te vinden dat aan het einde van deze editie wordt aangeboden!

Wil je meer leuke en leerzame activiteiten? Het is Snel en Eenvoudig!
Een hele collectie spelboeken slechts **één klik verwijderd!**

Vind uw volgende uitdaging bij:

BestActivityBooks.com/MijnVolgendeBoek

Klaar... Start!

Wist u dat er zo'n 7000 verschillende talen in de wereld zijn? Woorden zijn kostbaar.

We houden van talen en hebben hard gewerkt om de boeken van de hoogste kwaliteit voor u te maken. Onze ingrediënten?

Een selectie van onmisbare leerthema's, drie grote plakken plezier, dan voegen we er een lepel moeilijke woorden en een snuifje zeldzame woorden aan toe. We serveren ze met zorg en een maximum aan verrukking, zodat je de beste woordspelletjes kunt oplossen en veel plezier beleeft aan het leren!

Uw feedback is essentieel. U kunt een actieve bijdrage leveren aan het succes van dit boek door een recensie achter te laten. Vertel ons wat u het meest beviel in deze editie!

Hier is een korte link die u naar uw bestelpagina brengt:

BestBooksActivity.com/Recensies50

Bedankt voor uw hulp en veel plezier met het spel!

Linguas Classics

1 - Metingen

```
L Y K A F P O M V K W X C Y T O
O V I T L B U Z U Z Q H E T Y B
N O T J I T X U L P U T N T L D
G X S Q M S I T U N I M T U K Q
I I H L Y E P T S H K A I A I C
T H F Z C L R X U P R I M O L O
U W N M Y A O N D D T C E H O V
D F X G J M F Y N G O N T N M N
O K Z R E I U P O H R U E P E N
P B I H H C N I P J M A R G T Q
U A L L X E D M E T R I D L E K
A B Z I O D U T I T A L F U R M
B M F S K G M U I R A T X E S A
F H S P N G R T D O B Q V P J S
G H L I T E R A D N Z V P A L S
S Y K N J H G O M K E X Q E R A
```

LATITUDO	KILOGRAM
BYTE	KILOMETER
CENTIMETER	LONGITUDO
DECIMALES	LITER
PROFUNDUM	MASSA
PONDUS	METRI
GRADUS	MINUTIS
GRAM	UNCIAM
ALTITUDO	SEXTARIUM
INCH	TON

2 - Opwarming van de Aarde

```
C  Q  N  C  H  F  D  V  C  A  G  N  A  P  C  T
C  R  L  O  O  L  I  E  A  R  E  U  Q  Y  O  E
A  B  V  N  M  A  S  S  E  C  N  N  J  D  N  M
E  F  X  S  I  N  C  T  L  T  E  C  C  M  S  P
N  S  C  E  N  O  R  I  I  I  R  U  U  I  E  E
D  Q  S  Q  E  I  I  B  F  C  A  T  A  D  Q  R
S  T  Y  U  S  T  M  U  S  H  T  K  E  A  U  A
H  E  Q  A  O  A  E  L  S  F  I  U  Q  K  A  T
W  E  N  T  L  N  N  U  B  U  O  P  U  I  T  U
U  S  Z  O  K  R  P  M  M  T  N  E  P  N  U  R
U  D  C  J  I  E  X  I  D  U  E  S  S  S  R  I
I  N  D  U  S  T  R  I  A  R  S  L  M  T  Y  S
I  W  U  N  D  N  A  I  J  U  L  E  G  E  S  F
S  B  V  K  V  I  R  T  X  M  A  U  Q  I  L  A
I  M  P  E  R  I  U  M  U  I  Z  V  Y  L  Q  V
S  C  I  E  N  T  I  S  T  M  A  R  E  P  O  N
```

OPERAM	HOMINES
ARCTIC	ALIQUAM
DISCRIMEN	NUNC
VESTIBULUM	CONSEQUAT
DATA	IMPERIUM
GENERATIONES	TEMPERATURIS
CONSEQUATUR	FUTURUM
INDUSTRIA	MUTATIONES
INTERNATIONAL	SCIENTIST
CAELI	LEGES

3 - Boten

```
Y F N Z H T V B D G K L R K G C
A T U A N F M K L S A I S P S F
C C H H O L F T W F Y N M A R E
H F L K I I V X I I A T F L O N
T I V A T N A C B F K E S U T I
Y V Z J R R A T I S U R J M I G
N B H S Z M P Z W F G N M W T N
U A K N F E N V R L R A E Z T E
U T U C Q W T J W U E N D M R U
A E W T F C H T J M G C H U O I
X E I F I O X J X E E H T N P X
V D S U T C U L F N M O R A L K
L N L T V Q I L Y U G R H E H A
Z V G W U Q U S U C A L Z C P U
F V Y L F S I Z T L Z R C O E P
V S U S T I N E O N A V I S O N
```

ANCHOR	ENGINE
CANTAVIT	NAUTICIS
SUSTINEO	OCEANUM
GREGEM	FLUMEN
FLUCTUS	AESTUS
YACHT	FUNEM
KAYAK	PORTTITOR
LINTER	RATIS
NAUTA	MARE
LACUS	NAVIS

4 - Gezondheid en Welzijn #2

```
V G C P F C M E N I U G N A S A
I E O P O M A B H O J W C A U N
T N N O R D O L Q B D B O V S A
A E C E T K O R O G K G U E P T
M T O K I U G L B R I A V S E O
I I C V T I Y H A I I T M T N M
N C T S U N A S O G T E E I D I
U S I U D I N F E C T I O B I A
M A O P O S H Y G I E N E U S F
V I N R H R U R N A I F Q L S O
G B E O E R W C T Z D G G U E X
C M M C U H F L P K F I A M C R
H O S P I T A L I S K N K Z M O
A E E U T R E C U P E R A T I O
N D S N U T R I T I O N E M C C
R S A P P W F E S P O N D U S E
```

URNA
ANATOMIA
SANGUINEM
CALORIE
DIET
VESTIBULUM
GENETICS
PONDUS
SANUS
RECUPERATIO

HYGIENE
INFECTIO
FORTITUDO
CORPUS
SUSPENDISSE
CONCOCTIONEM
VITAMINUM
NUTRITIONEM
HOSPITALIS
MORBI

5 - Tijd

```
E  B  E  R  M  P  V  Y  T  S  A  M  A  R  H  D
L  U  E  X  C  X  A  N  R  Q  H  N  T  U  O  R
J  X  H  T  Q  T  Z  W  Z  B  A  R  K  C  R  B
D  G  G  D  C  Z  G  J  X  K  L  M  C  S  A  P
C  E  N  T  U  R  Y  D  E  C  E  N  N  I  U  M
W  S  T  M  G  C  N  J  E  P  I  S  Y  T  M  H
Y  N  P  U  A  E  A  P  M  O  D  C  A  U  E  O
C  E  T  C  O  N  D  L  N  S  O  R  E  N  R  R
U  M  O  J  F  P  E  N  E  T  H  A  R  I  I  O
L  A  N  N  U  A  W  V  U  N  H  S  Q  M  D  L
Y  H  C  A  N  N  O  K  N  F  D  X  B  D  I  O
K  V  C  T  F  U  T  U  R  U  M  A  I  B  E  G
H  S  F  B  T  Y  C  N  D  M  C  L  R  C  S  I
A  G  A  L  R  N  T  B  U  N  T  E  E  N  K  U
D  I  E  B  K  D  W  P  O  N  B  H  H  V  X  M
S  E  P  T  I  M  A  N  A  T  C  T  Y  M  P  V
```

DIE	MINUTIS
DECENNIUM	CRAS
CENTURY	POST
HERI	NOCTE
ANNO	NUNC
ANNUA	MANE
CALENDAR	FUTURUM
HOROLOGIUM	HORA
MENSE	HODIE
MERIDIES	SEPTIMANA

6 - Meditatie

```
A E N A T L M N T E W E C T I P
K T L I H I S U T O M N O R M R
W I V D U V I Y S Y D O G A A O
O P E R A M T I A I X I I N F S
H M P O S K N M T Y C T T Q F P
C P A C S I E O I V O A A U E E
Y U C I A G M R R P F V T I C C
F I E R T C W X A R G R I L T T
P R M E I G C H L S E E O L U U
T N J S C Z R E C U W S N I S M
B T L I I X Q A P A X B E T E W
V B S M L S Y N T T N O S A C Q
Z F K I E K I T U I I F S S A B
F S N D F J O S C I A O T O U L
S P I R A N S N A T U R A W X A
S T A T U R A M U I T N E L I S
```

OPERAM	TRANQUILLITAS
ACCEPTIO	MISERICORDIA
SPIRANS	MENTIS
MOTUS	MUSICA
GRATIA	NATURA
AFFECTUS	OBSERVATIONE
COGITATIONES	PROSPECTUM
FELICITAS	SILENTIUM
CLARITAS	PACEM
STATURAM	

7 - Muziek

```
V O P H L J I M F T R G J W N M
E P V O I N S T R U M E N T U M
S E C I E C S F A P R H J R S C
T R P R O T N A C P P J U L C O
I A X S U C I S U M F C A R E N
B H B H B A P C L Y R I C A L C
U L E P P N H P A P M K K I H O
L S F A Y T I C E D Q B N N V R
U A E G J A Z I L X Y N R O T D
M L U Y D T Y Q N A Z T A M E I
I B K O R E M U N A S H E R K A
S U N U M E R O S A E S Z A E L
S M U C I S U M I S B N I H A U
R E C O R D I N G I K A I C Y G
V V O C A L I S H M Q U R A A I
M M Q W C H O R U S U Z N E U L
```

ALBUM
NAENIA
CONCORDIA
HARMONIA
VESTIBULUM
INSTRUMENTUM
CLASSICAL
CHORUS
LYRICAL
CANTATE

LIGULA
MUSICUM
MUSICUS
OPERA
RECORDING
POETICA
NUMERO
NUMEROSA
VOCALIS
CANTOR

8 - Vogels

```
A  N  A  T  I  S  O  O  K  C  U  C  T  G  C  X
U  A  G  W  G  C  V  P  R  E  L  A  W  L  O  Z
T  C  M  U  H  S  U  C  A  T  T  I  S  P  L  O
C  U  K  T  L  A  M  X  N  X  O  N  N  T  U  T
O  O  V  A  P  L  E  H  Y  P  M  O  H  I  M  J
N  T  G  Z  D  G  K  R  W  B  H  C  B  E  B  P
A  H  P  N  A  W  S  W  T  Q  F  I  J  R  A  F
C  F  U  O  I  N  E  N  M  J  U  C  B  T  M  E
I  P  L  R  F  M  E  N  O  I  H  T  U  R  T  S
L  A  L  E  Y  U  A  C  I  I  M  J  D  A  J  T
E  S  U  H  C  Z  C  L  O  J  Y  V  O  R  Q  C
P  S  M  V  T  G  E  U  F  R  V  O  R  B  B  S
K  E  T  W  N  A  L  X  Q  J  V  R  F  N  B  B
N  R  E  T  I  P  I  C  C  A  R  U  P  H  S  L
P  N  R  I  X  J  F  V  Q  Q  E  L  S  T  Y  N
A  N  S  E  R  E  M  Y  I  H  Y  M  N  P  J  X
```

COLUMBAM
ANATIS
OVUM
FLAMINGO
ANSEREM
ACCIPITER
PULLUM
CUCKOO
CORVUS
GULL

PASSER
CICONIA
PSITTACUS
PAVO
PELICAN
HERON
STRUTHIONEM
TOUCAN
NOCTUA
SWAN

9 - Behoud

```
P O L L U T I O A W N P O K M K
W V F Y C U Q E V Z T K Z F P Z
E H L E T Z I Y D O Y Y W K E Y
N T S R Q Q Q T R U U O R S U U
E A Y E O R K C U Z C C T J D N
C R T C U C U Y Z T M A L L U N
O U J U N B J Y Y L I A T H Q J
S C L D R V I R I D I S Q I C Y
Y U V E Z A A K L Y O L O U O M
S U S R U C L F A M R A O E A N
T S C B D O O I M C G C T Q C R
E H A B I T A T S A A I E M Y C
M A U Q I L A L S E N M X F K W
S A L U T E M F C L I E U R Q O
P E S T I C I D E I C H V C Y F
M U T A T I O N E S D C Q W Y M
```

CHEMICALS
NULLAM
ECOSYSTEM
CURSUS
SALUTEM
VIRIDIS
HABITAT
CAELI
ALIQUAM

NATURALIS
EDUCATION
ORGANIC
PESTICIDE
MUTATIONES
REDUCERE
POLLUTIO
AQUA
CURA

10 - Universum

```
H  Z  L  X  L  Q  U  P  L  O  Z  C  A  U  I  O
G  O  D  U  T  I  T  A  L  U  O  E  E  K  G  J
T  D  R  S  Q  L  Y  V  R  E  N  V  R  B  M  I
C  S  I  I  P  P  W  J  J  K  L  A  I  R  E  S
A  A  Q  R  Z  J  Z  X  B  I  S  Y  S  P  D  F
I  I  E  A  D  O  A  S  T  R  O  N  O  M  I  A
D  X  O  L  S  I  N  I  D  U  T  I  G  N  O  L
O  A  R  O  U  X  A  P  P  A  R  E  T  T  R  S
Z  L  B  S  T  M  A  C  I  M  S  O  C  E  E  L
A  A  I  J  G  U  I  J  N  J  J  M  G  N  T  K
K  G  T  E  H  Z  L  G  Y  F  F  L  I  E  S  W
I  I  A  B  S  L  V  E  L  N  V  F  A  B  A  A
H  E  M  I  S  P  H  A  E  R  I  O  F  R  T  E
T  E  L  E  S  C  O  P  I  U  M  E  A  A  I  N
O  U  G  M  U  I  T  C  O  N  I  U  Q  E  A  G
A  S  T  R  O  L  O  G  U  S  T  F  R  O  L  L
```

ASTEROIDEM
ASTRONOMIA
ASTROLOGUS
AERIS
ORBITA
LATITUDO
ZODIAC
TENEBRAE
HEMISPHAERIO
CAELUM

HORIZON
COSMICAM
LONGITUDINIS
LUNA
GALAXIA
TELESCOPIUM
APPARET
SOLARIS
AEQUINOCTIUM

11 - Wiskunde

```
U D E X A P A N R Z D C S E P T
K U C J E A R V E P Y L P X A R
L G P W Q Q A A T P R O H P R I
V A C M U O S S E L G A A O A A
M A I D A T B E M D O C E N L N
U Q M H T L D L I E I I R E L G
L S U O I T C A R F S T A N E U
U K T Q O E R M E T I E I T L L
G R A D U S Z I P Y V M R S A U
N Z R I R U S C I P I H T J L M
A R D B S I E E D S D T E Z R E
T F A G N D G D B U O I M F A A
C S U B T A E S Z M T R O V T T
E R Q W A R O C S M H A E U V C
R A N G U L I R X A R M G M U V
V N O F L P O L Y G O N U M S S
```

SPHAERA	PERIMETER
DECIMALES	PARALLELA
DIAM	RECTANGULUM
DIVISIO	ARITHMETICA
TRIANGULUM	SUMMA
EXPONENT	RADIUS
FRACTIO	PRAEDITIS
GEOMETRIA	POLYGONUM
GRADUS	AEQUATIO
ANGULI	QUADRATUM

12 - Gezondheid en Welzijn #1

```
M  H  H  A  B  I  T  U  S  O  U  S  G  X  Y  K
C  E  N  E  N  O  T  S  U  J  A  E  U  Q  G  S
O  H  D  C  R  D  W  O  C  D  V  S  R  P  C  E
N  O  C  I  U  U  K  P  I  M  R  P  D  K  D  J
S  R  S  U  C  T  J  L  D  W  U  E  G  E  T  C
E  M  R  Q  Y  I  I  R  E  X  O  S  Q  J  G  E
Q  O  H  T  R  T  N  S  M  P  T  O  C  B  Z  S
U  N  V  A  P  L  U  A  J  A  Y  M  T  U  J  H
A  E  A  V  B  A  C  T  E  R  I  A  W  J  L  O
T  S  R  E  F  L  E  X  U  M  V  I  R  U  S  I
N  E  U  A  C  T  I  V  A  N  W  R  Z  T  L  T
B  Z  T  U  M  M  U  U  L  E  C  U  Z  A  U  A
U  X  C  J  Z  S  X  U  S  R  R  I  A  I  W  R
Q  A  A  Y  B  W  T  E  P  V  A  N  J  Z  A  U
Q  L  R  O  A  M  Q  F  I  I  F  I  Z  S  I  C
Z  N  F  I  F  A  M  E  S  S  O  P  J  A  B  F
```

ACTIVA	CUTIS
ATQUI	EGET
BACTERIA	INIURIAM
CURATIO	MEDICINA
FRACTURA	CONSEQUAT
MEDICUS	REFLEXUM
HABITUS	MUSCULI
FAMES	JUSTO
ALTITUDO	VIRUS
HORMONES	NERVIS

13 - Camping

```
A M I C E D D O L I L A Y I F L
N R C H F A P Q Y S I N G I U J
U G B A W I E T O B N F D N N W
L K R O B B L S N G T G P B E A
Q C V U R C A S U S E M G V M N
X T K H N E B K B Y R V H E A I
D E N M H P S O K X M E T N O M
Q C Q A E L S I L V A E L A C A
L R T R T K G F O K C U X T U L
S U T E A U N P T C E S N I Z I
G A S M L O R J C O O V V O P A
C B E A I I Q A M M U R F N C F
O N R C L A C U S M W B N E V H
M A P E G C E X E A Q R J U Z C
S G W I K A Q H M H C X B P D U
T A B E R N A C U L U M H A T I
```

CASUS	VENATIONE
MONTEM	MAP
ARBORES	LINTER
SILVA	DECIMA
IGNIS	CORNU
CAMERAM	LUNA
ANIMALIA	LACUS
HAMMOCK	NATURA
HAT	TABERNACULUM
INSECT	FUNEM

14 - Algebra

```
K  C  O  J  Y  K  F  M  V  L  V  F  I  G  P  G
P  Q  V  U  M  A  R  G  A  I  D  O  C  I  J  B
O  O  J  L  F  P  A  M  M  U  S  R  O  N  D  S
Y  S  T  E  T  X  C  E  A  D  W  M  I  F  R  U
S  H  K  N  B  I  T  P  X  T  O  U  T  I  A  B
F  A  C  T  O  R  I  H  R  P  L  L  A  N  S  T
L  C  T  Z  E  T  O  W  C  V  O  A  U  I  I  R
S  I  L  I  B  A  I  R  A  V  I  N  Q  T  S  A
N  H  N  J  T  M  L  G  F  C  T  T  E  A  E  C
F  X  T  E  D  N  X  U  P  A  S  G  A  N  H  T
H  R  J  K  A  T  A  R  T  Z  E  F  J  G  T  I
R  U  Y  J  O  R  L  U  H  K  A  L  L  U  N  O
I  T  W  F  D  L  I  W  Q  B  U  Z  K  R  E  N
S  O  L  U  T  I  O  B  Z  Q  Q  R  H  P  R  T
T  F  A  L  S  U  M  A  U  Q  I  L  A  N  A  D
O  E  J  U  B  H  J  E  J  S  R  N  U  A  P  Y
```

SUBTRACTION	NULLA
DIAGRAM	INFINITA
EXPONENT	SOLUTIO
FACTOR	QUAESTIO
FORMULA	SUMMA
FRACTIO	FALSUM
PARENTHESIS	VARIABILIS
QUANTITAS	ALIQUAM
LINEARIBUS	AEQUATIO
MATRIX	

15 - Activiteiten

```
C  I  N  I  C  T  S  O  F  U  X  W  N  E  N  K
L  O  I  Z  Y  K  U  D  G  I  J  K  G  S  A  G
U  F  M  E  T  A  T  P  U  L  O  V  N  S  C  Z
D  M  A  M  G  D  U  A  N  K  Y  J  I  E  T  L
O  S  W  U  O  J  R  H  R  A  R  U  T  C  I  P
S  W  H  I  R  D  A  C  B  T  R  E  T  Z  O  B
L  E  C  T  I  O  I  N  P  Y  E  D  I  J  G  U
C  T  C  O  X  E  F  S  I  X  X  S  N  Y  S  P
O  R  B  A  U  B  X  V  Q  Q  V  O  K  S  H  N
N  A  P  C  S  Z  K  V  E  N  A  T  I  O  N  E
S  M  L  M  O  T  G  A  R  D  E  N  I  N  G  C
E  U  T  A  A  R  R  J  U  J  T  B  K  O  P  A
Q  P  Z  G  B  D  S  A  C  Q  X  S  M  V  O  T
U  R  L  I  D  N  A  C  S  I  P  J  U  N  U  B
A  O  C  A  V  U  P  W  O  F  K  W  D  C  Y  N
T  A  C  S  C  O  S  H  R  R  B  E  T  B  S  G
```

ACTIO
ARTES
COMMODIS
KNITTING
CONSEQUAT
LUDOS
PISCANDI
VENATIONE
CASTRA

ES
LECTIO
MAGIA
SUTURA
VOLUPTATEM
PICTURA
GARDENING
ARTE
OTIUM

16 - Vormen

```
P X Y B A T E O A E B F N X P T
W O L U G N A V R U C U B U S R
A O L V M U T A R D A U Q Q A I
D T C Y Y B A Q A R N F A H R A
G A O A G O R V G E H I K C O N
L Z N U B O G A P C U S L X Y G
Y I I N Y Q N X M T C P U Y D U
A J N A A L L U G A I I B B C L
X S D E T R A P M N R L F M R U
C D D K A B R T E G L L Q A M
I P R S M Y E I A U U E V L R F
R B T D S D A G C L L Q O I F L
C B L S I T H P J U U M T A L I
U R E M R B P X M M S O G C U P
M N F Q P F S I D I M A R Y P A
W D C Y O U H X Z Z F K O E O S
```

SPHAERA
ARC
CYLINDRO
CIRCULUS
CURVA
TRIANGULUM
ANGULO
PARTE
CONI
CUBUS

LINEA
ELLIPSI
PYRAMIDIS
PRISMA
ORAS
RECTANGULUM
CIRCUM
POLYGONUM
QUADRATUM

17 - Diplomatie

```
S  P  D  I  S  P  U  T  A  T  I  O  N  E  M  C
O  O  I  U  S  T  I  T  I  A  H  C  C  I  E  O
L  L  N  O  Q  W  E  Z  T  N  U  T  O  N  T  O
U  I  E  X  N  E  E  L  M  N  M  W  M  T  A  P
T  T  E  Y  Z  M  E  E  Q  L  A  L  M  E  T  E
I  I  N  C  W  E  T  V  E  E  N  I  U  G  I  R
O  C  F  J  U  N  Q  L  T  G  I  N  N  R  R  A
U  A  Z  N  I  O  C  E  H  A  T  G  I  I  U  T
I  M  P  E  R  I  U  M  I  T  A  U  T  T  C  I
V  T  Y  M  O  T  R  A  C  U  R  I  A  A  E  O
C  Z  K  A  T  A  T  A  O  S  I  S  S  T  S  D
A  I  Z  T  C  G  T  O  R  A  A  C  T  E  J  Z
D  L  V  R  U  E  C  A  U  Q  N  L  H  E  Q  C
F  L  R  E  A  L  E  G  M  K  X  T  T  E  B  B
Z  Y  D  C  S  R  E  S  O  L  U  T  I  O  K  F
X  D  I  P  L  O  M  A  T  I  C  A  E  L  V  S
```

AUCTOR
LEGATIONEM
LEGATUS
CIVES
CERTAMEN
DIPLOMATICAE
DISPUTATIONEM
ETHICORUM
COMMUNITAS
IUSTITIA

HUMANITARIAN
INTEGRITATE
SOLUTIO
POLITICA
IMPERIUM
RESOLUTIO
COOPERATIO
LINGUIS
SECURITATEM

18 - Astronomie

```
A S O M S O C N T H N I I B O R
A E S Q R Y K K E E F C G G B A
S L Q M M U D R F B R K Y G S D
T L H U U I C U A C U R E K E I
R E Y M I H X A M J Y L A S R A
O T U R P N N Q Q A B F A T V L
L A C N O R O E T E M W X E A I
O S O K C D W C E G L F F L T S
G C M D S F Q Z T Q Q T E L O P
U S E P E F X V B I Q Y S A R O
S D T L L T G I B U U M N Y I V
G S A A E X I Z S E E M T B U R
Q I Z N T U N I V E R S I G M V
R D M E D I O R E T S A L U N A
K U T T Z A S T R O N A U T Z F
R S N A G R A V I T A T I S M I
```

TERRA
ASTEROIDEM
ASTRONAUT
ASTROLOGUS
AEQUINOCTIUM
COMETA
COSMOS
LUNA
METEORON
NEBULA

OBSERVATORIUM
PLANETA
ERUCA
SATELLES
STELLA
SIDUS
RADIALIS
TELESCOPIUM
UNIVERSI
GRAVITATIS

19 - Vakantie #2

```
E R A M G U B J F B X L S M D I
C L G W E Z Z G C Y Y N T B W N
B O I K S K R T G X T Z A Z I S
A P M T K V U D F D Z T B O P U
I S E I B V J Z U E F P E T A L
R K T S T P O A K L G S R I H A
K Z O U Z A A L I E N A N U U Z
M N M H D O T L Z T K I A M T T
S H W P A M M U B O W R C Y I U
E K L A S U P N E H N E U A M A
T V W R I T E R A M K F L J I A
N A M G V L V U C D T B U K D M
O I X N D K G X H Q V E M I E Y
M U W I C A S T R A A M E T G M
C E Y S U N I R G E R E P R G A
S W N D T R N G N Y K W I L U Q
```

MONTES
PEREGRINUS
ALIENA
INSULA
HOTEL
MAP
CASTRA
ELIT
SINGRAPHUS
ITER

AMET
BEACH
TAXI
TABERNACULUM
COMITATU
FERIAS
NULLA
VISA
OTIUM
MARE

20 - Weersomstandigheden

```
I  V  A  K  M  U  D  I  M  U  H  V  Z  P  T  A
I  C  S  X  A  I  S  E  T  E  K  V  P  R  E  C
C  Q  E  R  U  G  L  U  F  L  Y  Z  C  O  M  O
G  U  F  Y  R  A  L  O  P  L  Y  N  Q  C  P  I
E  P  E  B  I  Z  V  R  W  Z  J  A  F  E  E  E
W  J  O  S  S  Q  Y  O  I  M  O  I  D  L  S  T
B  O  O  C  B  N  T  K  H  T  U  I  I  L  T  M
X  C  M  A  T  R  O  P  I  C  A  L  L  A  A  U
M  Y  T  E  T  A  T  I  C  C  I  S  U  E  S  C
C  M  L  L  D  Z  Q  C  V  O  U  D  V  A  W  M
O  A  S  U  V  R  U  C  O  E  G  R  I  X  N  M
R  H  E  M  C  A  L  I  G  O  N  O  U  B  A  F
H  V  B  L  P  V  X  U  C  C  Q  T  M  U  E  K
S  C  U  M  I  Y  I  Y  C  O  B  R  U  T  R  D
T  O  N  I  T  R  U  A  X  O  I  O  F  S  I  Y
N  O  L  E  V  Z  C  T  S  J  G  T  P  Z  S  J
```

AERIS	DILUVIUM
FULGUR	POLAR
TONITRUA	MAURIS
SICCITATE	TEMPESTAS
CAELUM	TORTOR
ICE	TURBO
CAELI	TROPICAL
CALIGO	HUMIDUM
ETESIA	VENTUS
PROCELLAE	NUBES

21 - Eten #2

```
S  C  E  L  E  R  I  S  Q  U  E  P  E  O  A  V
P  A  N  E  M  Y  O  G  U  R  T  I  E  V  S  I
S  P  V  C  K  X  C  M  H  A  M  R  H  U  P  G
E  L  P  P  A  E  N  I  P  A  Q  H  C  M  A  I
X  Q  D  Z  O  S  H  S  B  K  O  P  D  P  R  L
U  Y  J  J  R  U  E  C  I  R  I  N  K  E  A  A
U  H  C  W  Y  E  L  U  M  L  A  W  S  R  G  N
B  W  B  U  U  A  P  T  S  N  D  S  I  S  U  T
J  O  U  M  Y  D  P  R  P  W  G  C  Z  I  S  E
T  O  J  S  U  I  A  I  A  I  A  M  S  C  Z  M
A  F  X  S  Q  S  O  T  S  H  S  X  N  U  C  C
C  M  V  A  C  U  W  I  L  G  P  C  U  M  Y  W
U  R  T  I  A  B  L  C  Y  Q  T  L  E  N  D  M
V  T  Z  B  O  U  V  U  U  X  K  Y  C  S  T  P
A  D  U  Z  T  R  T  M  A  L  G  E  N  T  E  M
P  U  L  L  U  M  E  G  G  P  L  A  N  T  G  U
```

VIGILANTEM	RUBUS IDAEUS
PINEAPPLE	HAM
APPLE	CASEUS
ASPARAGUS	PULLUM
EGGPLANT	KIWI
ALGENTEM	PERSICUM
PANEM	RICE
SCELERISQUE	TRITICUM
UVA	PISCES
OVUM	YOGURT

22 - Geologie

```
P F E N M X A D L P W T G Z C F
S U T O M E A R R E T H E C R C
S A L F U A M G P B R E Y O Y N
S V W U D M U I C L A C S R S I
A A K S I C J R Z K A G E A T N
W L Q I C B Q F I G U T R L A S
H J D L A J U B O S O V E K L T
S M L E U O A O T S L T T A S O
E X E S A G R M L M S I W V U N
V L J E Q C T T Q U Y I O J Q E
O H V C L U Z X R X M F L H U I
L F G C O N T I N E N S I E S O
C S P E C U S A C C U M S A N C
A B G O S T A L A C T I T E U L
N E Y O R D A R A R D K H D T X
O G J O L U H F G S P G R B T I
```

TERRAEMOTUS	QUARTZ
CALCIUM	ACCUMSAN
CONTINENS	LAVA
EXESA	PLATEAU
FOSSILE	STALACTITE
GEYSER	STONE
FUSILE	VOLCANO
SPECUS	MAURIS
CORAL	SAL
CRYSTALS	ACIDUM

23 - Specerijen

```
N  T  T  N  I  Y  B  P  O  A  L  L  I  U  M  Q
T  U  K  Y  M  U  P  T  S  K  P  M  B  Y  V  N
H  E  T  R  L  U  B  L  W  C  K  O  Z  W  B  F
S  D  X  M  R  F  A  E  N  I  C  U  L  I  V  E
F  I  W  E  E  P  T  Q  W  A  U  S  S  R  C  C
N  A  Q  D  B  G  S  A  P  O  R  E  M  D  U  E
P  A  P  R  I  K  A  U  R  V  W  E  X  N  R  P
C  R  Q  F  G  A  N  E  T  H  U  M  P  A  R  A
R  A  B  E  N  D  A  P  U  R  U  S  O  I  Y  L
O  M  U  D  I  C  A  M  U  F  E  F  W  R  P  L
C  A  S  M  G  D  E  N  O  W  B  M  C  O  E  I
U  W  G  N  W  D  Y  A  L  M  Q  E  T  C  Q  N
S  I  C  L  U  D  P  I  L  S  U  Z  S  Z  Y  A
L  I  Q  U  I  R  I  T  I  A  E  M  A  R  I  V
V  V  R  Z  C  U  M  O  D  U  E  Y  L  H  B  R
E  M  Z  R  H  D  G  P  J  U  F  N  A  O  W  X
```

ANETHUM	PAPRIKA
AMARA	PIPER
PURUS	CROCUS
LIQUIRITIAE	SAPOREM
GINGIBER	CEPA
AMOMUM	VANILLA
CURRY	FAENICULI
ALLIUM	DULCIS
CORIANDRI	SAL
NUTMEG	ACIDUM

24 - Groenten

```
O U P C M J S I M U C U C S O B
K L Y B E A T H G B L Q G U J F
M S I V S P N F A L U C I D A R
C P F V I A A X K L M A T V W X
Y I D J A R L S M C L D I W X G
E N A X T E P T D B Y O F K T D
B A U U I B G M H F V N T C G A
R C C X B I G F U N G O R U M L
A H U B R G E P M R X X F H U L
S R S M U N I L E S O R T E P I
S H E U C I V N T U Y S Q A A U
I S J S U G U O N T U G M L D M
C H M I C V V P E C D O A T T U
A Z L P Q E N D G A S X Y T U I
S I K M F Q L D L C C K N P L P
A T D B X I R J A I G C B P D A
```

CACTUS
EGGPLANT
BRASSICA
ALGENTEM
PISUM
GINGIBER
ALLIUM
CUCUMIS
OLIVAE
FUNGORUM

PETROSELINUM
CUCURBITA
RAPA
RADICULA
SEM
APIUM
SHALLOT
SPINACH
CEPA
DAUCUS

25 - Archeologie

```
T E M P L U M J C C A T J B K Y
J P U F P V P I S U T I R E P H
S R I Y D S I S Y L A N A L N Q
C O R S A T F C C T D O L O R X
I F E I T L P Y R U O Y Q O C F
N E T T N O I S S E C C U S J O
V S S A E Q M H F G L G A X E S
E S Y T M M U T O N G I S B S S
N O M I G O T I N P C F Q S U I
T R P U A J N O S T Y X W U T L
I O C Q R F E W B I E N Z K I E
O G Z I F E M T G I T B T W L A
N Q M T W B U Y T Y E O V L B R
E Q V N V C N K L R Y C R L O B
S X K A S S O V M E D I T E O C
N U O I T A M I T S E A C A M I
```

ANALYSIS
CULTU
INVENTIONES
OSSA
PERITUS
AESTIMATIO
FOSSILE
FRAGMENTA
MONUMENTUM
MYSTERIUM

SUCCESSIO
OBIECTA
IGNOTUM
INQUISITOREM
ANTIQUITATIS
PROFESSOR
RELIQUIA
DOLOR
TEMPLUM
OBLITUS

26 - Dans

```
T O C E X P R E S S I V U M F N
P R H H G I O Y A Z Y M K A U U
Y A A D O S O C I U M X H R Q M
T S T D G R C Z T M U P V U Z E
X H E A I M E D A C A R Q T C R
L M A C G T M O R A Q W A C O
J I L I M U U V G B S C W T L Z
M X Q S L H D M I R D B D S A T
I G P U Y S N U T S A Y H K S C
K Z B M B X E S I M U P U Q S U
U G R U Q E S U T O M A H A I L
H K P H K S N P Q G A W L Y C T
G E H W Y J E R M J X H L A A U
G C W I C T C O C T U J T X L R
Y X F G U F E C U L T U R A E A
W C W F O H R Q A F F E C T U S
```

ACADEMIAE

MOTUS

LAETA

CHOREOGRAPHY

CULTURAE

CULTURA

AFFECTUS

EXPRESSIVUM

GRATIA

STATURAM

CLASSICAL

ES

CORPUS

MUSICA

SOCIUM

RECENSENDUM

NUMERO

TRADITUM

VISUAL

27 - Ziekte

```
A Y J S U A Z G W L C D Q A I R
B S I S O I G A T N O C G L N E
Z A A I R A T I D E R E H L V S
C I C T H E X E I T O B E E P
M H C T C M V H K X S I Q R T I
E T Y X E O T S U J O T P G E R
T A T L O R V X O O A A T I R A
A P S G G D I E X S R M C E A T
T O I N V N D A N L S M O S T O
I R N W X Y W I L F I A R F A R
N U I G M S S I N U S L P X Q I
U E M T S A L U T E M F U D K I
M N O Y I N U W X L I N S D I T
M Z D O H C B J O S I I V E G F
I M B G Z U U A F I N F I R M A
O F A R M A W M E T A T I N A S
```

RESPIRATORII
ALLERGIES
BACTERIAL
CONTAGIOSIS
OSSA
ABDOMINIS
INVETERATA
HEREDITARIA
TRITICUM
SANITATEM

SALUTEM
COR
IMMUNITATEM
CORPUS
NEUROPATHIA
INFLAMMATIO
SINUS
SYNDROME
JUSTO
INFIRMA

28 - Mythologie

```
V H T B Y C W Q U R Z W I K G T
O L R E V K Q E Q D N E G E L O
C A I L F I K L G D N Q L Z U N
U B U L F O K G H A Q T I U Y I
L Y M A U K R E J Q V G M N S T
T R P T L M A T C I D N I V I R
U I H O G G F U I T J D I J L U
R N A R U M U P Y T E H C R A A
A T N C R S Y N S M U C J P C C
M H T W L C A E L U M D R M I R
J U E V U A T Y P R C B O O G E
A S S N H Z D H A T W S W R A A
M O R I B U S I D S R Y G T M T
C H D X F V Y J S N B X P A B U
O P I N I O N E S O R E H L H R
B V Y U Y Z A T P M B N S E H A
```

ARCHETYPUM	BELLATOR
FULGUR	LEGEND
CULTURA	MAGICALIS
TONITRUA	MONSTRUM
LABYRINTHUS	OPINIONES
MORIBUS	CLADIS
HEROS	MORTALE
CAELUM	TRIUMPHANTES
ZELUS	CREATURA
FORTITUDO	VINDICTAM

29 - Eten #1

```
G B A L L I U M C S O R E E L M
C Y Z A J G N E E Z P J B L X V
T N N S R Q Y S P C Q I T I I C
L A M L S E W K A I M Q N T B C
H N U Q M W S S C B F M W A D W
O E E S U C U S V U Q Z B G C J
K I D E U B J Q T M K R A U M H
P I R U M G P A M U C I S R E P
C K O V A V A J B V N P I A E V
M H H E A Z R R Y N C A L T J N
L C Z U R F R A G U M G I Z G U
C A P U L U S U C U A D U J W P
L E M O N E P E A F R W S M K F
K M H M G R S H T Y O R M W Q N
U T D N F F H W A P V S C O O P
B U H G C J Z Q N A B A M T O M
```

FRAGUM	SEM
PERSICUM	SUCUS
BASILIUS	ELIT
LEMON	SPINACH
HORDEUM	SUGAR
ALLIUM	TUNA
CAPULUS	CEPA
LAC	CIBUM
PIRUM	DAUCUS
EROS	SAL

30 - Avontuur

```
U X C M S F N C K D S V X H Y P
S I Y E P C O B F L T I T C U R
N A X O S J Y R R V U R C Y S A
A P L M G E Q L T M D T J I S E
V U S U D S R N U E I U K Y M P
I L K S T K M O A R U T A N U A
G C R O H E H V K H M E H L L R
A H S L A Z M U R I M D I N Y A
T R J U T S U M L F S C O S P T
I I K C I T I N E R A R I U M I
O T Q I L Y D X A I R G R D B O
N U N R O U U X Z J R Z C K R K
E D H E S X A A C T I O M K N K
M O F P N N G E E A Y F Y D K L
D I F F I C U L T A S I Z M L G
P E R E G R I N A N D U M K U M
```

ACTIO
STUDIUM
PEREGRINANDUM
PERICULOSUM
FORTE
VIRTUTE
DIFFICULTAS
NATURA
NAVIGATIONEM

NOVUM
INSOLITA
ITINERARIUM
PULCHRITUDO
SALUTEM
MIRUM
PRAEPARATIO
GAUDIUM
AMICIS

31 - De Media

```
T T C E S I N G U L I S K H C M
F D R O I D A R D I D I W I E U
T J W O M U B A P Y A M E N E F
L S F L H M X I S Q E A G D Z J
W U C W H P U T E L W G N U Z E
W O H E M U L N D E D I N S G T
Q P D E H B K E I L V N B T S R
Z Y T A A L R T R C V E N R U E
F C K T W I O N E D A S E I M D
U M A N W C W E M T I T P A P I
M B S N B A T S E S W G I P T T
T A B U L A E G H A Z L I O U I
K B E C T N N L P V J P P T X O
H A B I T U S P E N I L N O A N
L O C I E D U C A T I O N O N L
D I V U L G A T I O N I S C O L
```

TABULAE   EPHEMERIDES
COMMUNICATIO   LOCI
DIGITAL   SENTENTIA
EDITION   NETWORK
SUMPTU   EDUCATION
IMAGINES   ONLINE
HABITUS   PUBLICA
SINGULIS   RADIO
INDUSTRIA   DIVULGATIONIS

32 - Bijen

```
F Q U Q Z Z B A P X B M U U P M
B R D T Z W W J E O W H V N O I
X C U W L C T V R G K Q H A L S
Z O H C D I V E R S I T A S L C
M N C A T A T I B A H I N E I E
Z U P J C U U T I L E B I R N N
B W U A E W S I L A P E G O A T
P R E G S Z U W D U Q R E L T U
R X R I N Y T M D W W O R F O R
Q J X D I N R K H L P L T P R T
K V L C T U O T H F A F S Y Y V
X S B M K U H S A P U L T Q Z J
V C E R A C I B U M M M I V N U
A L V E O W G G I W T E U X Y H
P O E C O S Y S T E M W L S U Z
Y S P O L L E N J G H Q W Y G E
```

POLLINATOR   REGINA
ALVEO   FUMUS
FLORES   POLLEN
FLOREBIT   HORTUS
DIVERSITAS   ALIS
ECOSYSTEM   CIBUM
FRUCTUS   UTILE
HABITAT   CERA
MEL   SOL
INSECT   MISCENTUR

33 - Wandelen

```
I  Q  A  V  C  C  V  U  A  R  U  T  A  N  L  N
A  L  W  H  A  X  W  T  W  Q  G  R  A  V  I  S
X  I  R  P  S  Q  Q  T  O  Q  U  I  Q  X  C  R
Z  P  T  M  T  D  F  E  R  Q  U  A  F  F  R  U
O  R  U  D  R  C  F  M  K  H  Q  A  R  E  B  A
I  R  H  Z  A  J  W  P  M  A  P  Y  W  P  R  V
S  O  I  A  B  F  T  E  S  I  J  S  L  R  E  A
A  C  L  E  H  R  K  S  U  S  S  A  L  A  T  K
E  M  E  T  N  O  M  T  T  E  E  M  E  E  A  S
Q  B  A  T  E  T  R  A  T  C  D  F  N  P  B  X
D  J  C  D  M  R  A  S  T  U  I  H  X  A  E  S
B  N  S  L  L  J  F  T  Z  D  P  H  A  R  R  C
Z  Q  O  S  U  L  G  F  I  E  A  Y  W  A  N  L
A  B  L  F  C  T  L  U  H  O  L  Q  H  T  U  H
X  M  X  J  P  A  R  C  I  S  N  H  G  I  S  V
A  N  I  M  A  L  I  A  C  U  N  B  E  O  C  O
```

MONTEM	PARCIS
ANIMALIA	LAPIDES
DUCES	CULMEN
MAP	PRAEPARATIO
CASTRA	AQUA
CAELI	TEMPESTAS
TABERNUS	FERA
LASSUS	SOL
NATURA	GRAVIS
ORIENTATION	

34 - Ecologie

```
U  T  G  H  K  Z  L  S  V  C  G  Y  A  P  Q  M
M  A  R  I  N  E  V  I  A  O  I  K  O  O  F  E
N  Z  J  M  J  A  O  C  R  M  M  O  N  T  E  S
S  A  Y  E  S  J  A  C  I  M  M  J  K  O  D  T
Q  R  T  D  J  I  E  I  E  U  A  E  B  Y  I  N
F  Z  O  U  G  B  T  T  T  N  L  U  Z  G  V  U
H  A  G  L  R  R  D  A  A  I  L  E  A  C  E  L
S  A  L  A  N  A  T  T  T  C  Q  Y  V  R  L
V  A  B  P  T  O  L  E  E  A  G  N  M  E  S  A
A  I  L  I  P  E  V  I  T  T  W  S  O  A  I  M
E  T  U  U  T  X  Q  J  S  E  J  A  O  U  T  H
V  N  D  Q  T  A  R  W  G  S  J  R  O  Y  A  A
Z  E  E  Q  W  E  T  N  A  T  U  R  A  H  S  U
R  R  M  P  E  M  M  I  S  P  E  C  I  E  S  M
B  I  G  W  P  L  A  N  T  I  S  F  L  O  R  A
S  V  V  O  L  U  N  T  A  R  I  I  S  X  X  C
```

MONTES
DIVERSITAS
SICCITATE
NULLAM
FLORA
COMMUNITATES
HABITAT
CAELI
MARINE

PALUDEM
NATURA
NATURALIS
SALUTEM
PLANTIS
SPECIES
VARIETATE
VIRENTIA
VOLUNTARIIS

35 - Biologie

```
F  J  U  E  M  B  R  Y  O  O  H  W  Z  I  M  M
A  G  S  Y  E  O  Z  K  B  J  A  Q  U  I  E  B
C  I  K  G  S  O  S  I  N  O  I  T  A  T  U  M
G  H  H  K  R  N  X  G  H  E  S  P  A  N  Y  S
A  I  R  E  T  C  A  B  S  Z  E  M  Y  Z  N  E
A  N  R  O  A  N  A  T  O  M  I  A  O  G  K  R
C  L  A  M  M  A  M  S  E  I  C  E  P  S  R  L
L  E  Q  K  T  O  G  Q  T  N  M  J  Q  F  I  E
D  I  L  O  N  I  S  I  S  O  I  B  M  Y  S  S
G  K  Y  L  M  M  O  O  C  O  L  L  A  G  E  N
D  Y  A  S  E  S  P  V  M  D  A  P  I  B  U  S
N  A  T  U  R  A  L  I  S  E  L  I  T  P  E  R
U  J  M  V  N  E  U  R  O  N  L  P  P  U  J  Y
O  Z  H  R  B  B  N  K  U  R  C  S  U  V  K  M
P  R  A  E  G  R  E  S  S  U  S  W  E  U  D  Q
Q  X  E  N  O  M  R  O  H  O  F  O  S  W  W  R
```

ANATOMIA	MUTATIONIS
BACTERIA	NATURALIS
CELL	NEURON
CHROMOSOME	OSMOSIS
COLLAGEN	REPTILE
DAPIBUS	SPECIES
EMBRYO	SYMBIOSIS
ENZYME	SYNAPSE
PRAEGRESSUS	NERVUS
HORMONE	MAMMAL

36 - Landen #1

```
J  L  P  S  D  C  U  L  V  J  V  X  N  U  M  A
D  I  A  I  L  I  H  C  Z  D  Q  H  R  T  A  E
L  B  N  S  E  N  E  G  A  L  I  A  P  Q  U  G
C  Y  A  I  S  R  A  H  E  L  G  I  R  V  R  Y
B  A  M  U  I  G  L  E  B  O  H  N  D  I  I  P
H  R  A  R  Y  F  L  A  T  V  I  A  R  P  T  T
I  M  A  Q  S  U  K  I  D  T  C  M  N  O  A  O
S  K  I  Z  D  H  F  L  K  A  I  O  Z  L  N  F
P  R  D  C  I  L  Z  A  X  P  N  R  U  O  I  G
A  X  O  G  Y  L  Y  T  C  B  H  A  W  N  A  F
N  D  B  C  X  M  P  I  W  M  O  V  C  I  V  W
I  L  M  G  E  R  M  A  N  I  A  S  Z  A  P  O
A  G  A  L  O  G  J  U  J  S  K  V  A  S  O  E
J  I  C  U  A  C  T  S  U  B  I  W  X  T  F  D
L  D  K  M  B  H  H  L  M  Z  T  S  D  Q  F  Y
N  I  C  A  R  A  G  U  A  N  O  R  W  A  Y  I
```

BELGIUM
BRAZIL
CAMBODIA
CANADA
CHILIA
GERMANIA
AEGYPTO
IRAQ
ISRAHEL
ITALIA

LATVIA
LIBYA
MAURITANIA
NICARAGUA
NORWAY
PANAMA
POLONIA
ROMANIA
SENEGALIA
HISPANIA

37 - Installaties

```
F  W  E  N  T  G  F  I  U  A  F  B  H  E  W  V
Y  S  T  E  R  C  O  R  A  T  L  E  O  O  V  Q
B  S  S  U  C  S  U  M  R  B  O  R  R  S  D  E
B  O  U  B  E  A  N  V  O  L  R  R  T  R  Y  U
V  L  T  A  R  B  O  R  L  Y  E  Y  U  M  H  W
K  F  C  A  M  O  O  H  F  U  B  L  S  R  O  G
F  M  A  V  N  F  B  E  I  X  I  D  A  R  I  N
O  R  C  E  I  I  Q  D  X  I  T  T  R  B  C  O
O  I  O  I  S  R  C  H  E  D  E  R  A  A  T  D
M  E  E  N  Q  A  E  A  S  I  L  V  A  M  S  R
H  Z  N  Q  D  M  F  N  M  D  Y  X  M  B  L  Q
C  Q  N  F  S  E  C  Y  T  N  L  B  T  O  I  C
F  O  L  I  U  M  M  R  R  I  M  U  A  O  X  N
M  Z  C  R  H  E  R  B  A  G  A  S  N  N  B  N
U  R  N  B  J  U  C  F  Z  P  T  H  K  I  X  W
M  F  E  E  T  G  S  Y  A  W  Y  B  Z  U  F  N
```

BAMBOO	FRONDE
BERRY	HERBA
FOLIUM	HEDERA
FLOS	STERCORAT
FLOREBIT	MUSCUS
ARBOR	BOTANICAM
BEAN	BUSH
SILVA	HORTUS
CACTUS	VIRENTIA
FLORA	RADIX

38 - Agronomie

```
E  N  V  I  R  O  N  M  E  N  T  M  O  R  B  I
L  B  S  A  H  O  Z  A  S  E  X  E  S  Q  T  W
S  Z  E  D  J  L  D  L  I  D  E  M  M  C  B  R
Y  C  W  V  B  J  Y  L  Y  L  H  Q  O  I  V  O
M  O  I  K  E  M  P  U  D  V  M  U  H  N  J  G
S  I  H  E  V  S  G  N  F  B  K  D  Q  A  X  Y
L  T  R  D  N  E  T  O  E  C  O  L  O  G  I  A
E  U  E  Z  E  T  O  I  T  C  U  D  O  R  P  I
G  L  P  R  H  Y  I  P  B  U  P  H  X  O  G  V
U  L  O  E  C  Q  J  A  Z  U  L  F  C  M  E  S
M  O  E  T  R  O  I  T  A  R  L  D  F  I  H  J
I  P  R  I  A  T  R  C  D  R  D  U  J  G  Y  M
N  T  A  J  E  Z  I  A  D  L  F  J  M  F  K  H
A  P  Z  K  S  A  R  U  T  L  U  C  I  R  G  A
T  F  H  M  E  Q  M  Q  C  S  E  M  I  N  A  D
D  U  G  I  R  X  U  A  R  U  S  T  I  C  U  S
```

NULLAM	RESEARCH
OECOLOGIA	ORGANIC
VESTIBULUM	PRODUCTIO
EXESA	RATIO
LEGUMINA	POLLUTIO
IDEM	AQUA
AGRICULTURA	SCIENTIA
RUSTICUS	SEMINA
STERCORAT	MORBI
ENVIRONMENT	

39 - Oceaan

```
S C S X U W R F P I Q W R D W D
Q A P Q X A N E L A S I P Q M E
U N V X L W A N E U A M Q E P L
I C N H F O V K A F C B Q I S P
L E G O L X I R N S X T Q N H H
L R H Y D B E P G P E Y U F A I
A V I Y J T Y I U O I H M S R N
A T U R T U R S I N H F T A K I
E E T U N A I C L G M T C T C E
R A S W P C Y E L I D P R S O Z
T G U T U I G S A A S C D E R A
S U P U U F F A Q A J N F P A W
O G Y R T S B A L E N A F M L P
N L L J E L L Y F I S H N E M B
X G O M K T E V L X S X P T T J
G S P U A S U O P B G K B U K K
```

ANGUILLA
NAVI
DELPHINI
SQUILLA
AESTUS
FLUCTUS
SHARK
CORAL
CANCER
JELLYFISH

POLYPUS
OSTREA
REEF
TURTUR
SPONGIA
TEMPESTAS
TUNA
PISCES
BALENA
SAL

40 - Landen #2

```
S  H  A  E  T  H  I  O  P  I  A  W  J  J  Y  I
Y  N  I  Z  F  F  Q  M  M  L  A  P  E  N  T  Y
R  I  L  B  I  A  N  X  E  C  A  D  N  A  G  U
I  E  L  Y  E  B  V  R  X  N  Y  O  Y  T  Z  K
A  G  A  B  U  R  A  Q  I  I  N  W  S  N  L  A
T  Q  G  E  V  I  N  F  C  G  E  Y  I  J  D  Z
R  U  S  S  I  A  Y  I  O  E  K  Z  C  G  A  D
L  S  O  K  A  A  N  E  A  R  S  T  R  M  N  W
D  A  N  I  A  E  B  J  A  I  L  T  B  V  B  Y
B  I  C  D  I  A  B  K  S  A  V  Y  Z  I  V  O
T  J  T  M  R  C  V  W  U  O  E  Y  B  V  B  H
G  A  I  S  E  N  O  D  N  I  M  S  A  Z  B  U
L  P  L  J  B  P  E  H  A  N  I  A  R  C  U  P
W  A  E  H  I  M  G  G  B  H  M  N  L  R  R  D
B  N  K  S  L  N  X  E  I  J  O  T  M  I  G  W
G  R  A  E  C  I  A  F  L  Q  K  Y  N  V  A  L
```

DANIAE	LIBERIA
AETHIOPIA	ELIT
GALLIA	MEXICO
GRAECIA	NEPAL
HIBERNIA	NIGERIA
INDONESIA	UGANDA
JAPAN	UCRAINA
KENYA	RUSSIA
LAOS	SOMALIA
LIBANUS	SYRIA

41 - Bloemen

```
G U T U L I Q C O F S W Z I B A
C O C R S I T O H P O A L G A U
C R S E I L L B Z C W E B S Y A
A C B W I F O I P S U A N P F B
S H O O R D O M U C A X A R A T
I I Q L W J Z L K M W L E G P P
A D M F M V A P I L U T N A Y L
F K U N X Y J D D U O M E R U U
M L R O C S I B I H M R A D I M
A I O I C I T B U Y R O Z E D E
G R L S B A C A S R T S T N E R
N I A S L D R E V A P A P I K I
O P T A M H S U S S I C R A N A
L L E P H E L I A N T H U S J N
I K P U Z K M V T H K F T P B V
A L Z T W J G G K H U J R O P K
```

PETALORUM
FLOS
GARDENIA
HIBISCO
AENEAN
TRIFOLIUM
CASIA
LILIUM
DAISY
MAGNOLIA

NARCISSUS
ORCHID
TARAXACUM
PAPAVER
PASSIONFLOWER
AGLAOPHOTIS
PLUMERIA
ROSA
TULIPA
HELIANTHUS

42 - Landschappen

```
P E N I N S U L A T M H H W D I
H L K H C A E B S U C A L W O N
G I A O E O N M U N A E C O A S
M L L A Z P N Q X D B N R O H U
O R A L S Y R V G R E B E C I L
N Z C C J S H C A A K B S P B A
T B J X I E V A C L K H Y E D E
E K Z E J E P T X U L L E N W J
M O Z S Q K R A C V Y I G E F Q
V V P L R O T R E S E D S V Y O
L C M G I N G A F U R G I M U R
N Y A C Q A J C L L E B S P I I
D B R N R C U T U A W L A V M S
P X E M R L V A M P X D O J G U
C V S V Y O W K E Z X O P Q P X
G P V M K V K W N Y A R B K P F
```

MONTEM
INSULA
GEYSER
GLACIER
CAVE
HILL
ICEBERG
LACUS
PALUS
OASIS

OCEANUM
FLUMEN
PENINSULA
BEACH
TUNDRA
CONVALLIS
VOLCANO
CATARACTA
DESERTO
MARE

43 - Tuin

```
S P R S S R H S U B V I T I S R
S E P E M X A P L N B O V H O Z
N N B G Y Y M P M B Q H H U F L
O I R A O S M W C Q P S W O X O
M L Y R R T O E W L P L S C S O
D O H A W U C A B P S H X X Q E
N P Z G C M K D R A H C R O R T
H M V U O R R O R B S M E A L C
F A S N W S G S U R O A G V B A
E R S A F L O S T E L R E B I A
H T Z Y X O T F R H J F T F C F
W N S D Q A R O U G N J P X B C
D E N E L J U T M H O R T U S O
S A R C U L U M B N T T W A D I
M P N S O L O C N A B C L D U K
W T O B I W Z I Z A N I A O I T
```

BANCO	ZIZANIA
FLOS	SAXA
SOLO	RUTRUM
ARBOR	HOSE
ORCHARD	BUSH
GARAGE	XYSTUM
HERBA	TRAMPOLINE
HAMMOCK	HORTUS
SARCULUM	EGET
SEPEM	VITIS

44 - Beroepen #2

```
G  P  F  Y  V  O  X  J  E  D  S  O  V  A  B  G
P  U  Q  G  G  W  V  C  D  B  E  U  Q  W  B  G
H  G  B  R  O  T  A  R  R  T  S  U  L  L  I  H
I  C  M  E  R  O  T  I  S  I  U  Q  N  I  N  P
L  Z  U  H  R  O  T  I  S  I  U  Q  N  I  M  Z
O  O  I  S  O  N  U  D  I  J  E  L  Z  K  A  R
S  O  T  I  T  V  A  D  E  N  T  I  S  T  G  Y
O  L  E  L  N  T  N  T  S  I  G  O  L  O  I  B
P  O  R  B  E  N  O  R  O  W  I  S  I  I  S  L
H  G  P  U  V  Y  R  F  N  R  M  G  O  Z  T  I
U  I  C  P  N  D  T  P  I  C  T  O  R  O  E  N
S  S  H  F  I  I  S  U  C  I  D  E  M  B  R  G
W  T  X  I  R  U  A  E  N  G  I  N  E  E  R  U
H  O  R  T  U  L  A  N  U  S  X  C  D  B  L  I
V  Q  H  L  C  H  M  E  V  K  V  X  C  V  X  S
M  A  A  G  R  I  C  O  L  A  U  G  Q  Y  H  T
```

MEDICUS
ASTRONAUT
BIOLOGIST
AGRICOLA
INQUISITOR
PHILOSOPHUS
PRETIUM
ILLUSTRRATOR
ENGINEER
WISI

MAGISTER
LINGUIST
INQUISITOREM
GUBERNATOR
PICTOR
DENTIST
HORTULANUS
PUBLISHER
INVENTOR
ZOOLOGIST

45 - Dagen en Maanden

```
S  J  C  T  E  H  C  D  N  M  N  A  I  Q  J  F
E  U  X  M  N  E  R  D  M  P  J  A  J  X  O  E
P  N  Y  R  A  U  N  A  J  G  L  H  Q  Q  V  B
T  E  A  U  G  U  S  T  M  A  R  T  I  I  I  R
E  I  D  L  T  P  Q  X  S  A  D  W  Z  D  S  U
M  S  S  I  R  E  N  E  V  A  L  H  M  H  D  A
B  P  E  W  J  U  L  Y  G  P  T  I  O  P  X  R
E  A  N  A  M  I  T  P  E  S  Q  U  Q  K  S  Y
R  R  D  M  A  R  T  I  S  Y  U  C  R  U  S  P
F  X  E  C  A  L  E  N  D  A  R  T  V  D  A  K
L  B  W  B  M  E  N  S  E  D  C  O  T  D  A  M
J  M  L  Z  M  O  C  U  D  N  E  L  K  V  W  Y
P  O  E  D  H  E  E  R  B  O  E  H  I  B  T  X
Q  O  X  U  X  P  V  W  E  M  A  N  N  O  O  P
Q  U  I  Z  U  J  S  O  D  O  M  I  N  I  C  A
S  I  O  I  U  Z  O  G  N  F  J  X  P  W  O  S
```

AUGUST	MONDAY
MARTIS	MARTII
JOVIS	NOVEMBER
FEBRUARY	ALIQUAM
ANNO	SEPTEMBER
JANUARY	VENERIS
JULY	SEPTIMANA
JUNE	WEDNESDAY
CALENDAR	SATURDAY
MENSE	DOMINICA

46 - Beeldende Kunsten

```
R  J  G  R  I  G  B  M  P  C  H  L  S  P  H  W
G  Q  Y  T  A  M  I  X  H  O  U  U  T  A  A  A
P  T  R  J  P  V  U  K  O  M  H  T  E  L  G  G
O  D  Z  O  I  A  Q  X  T  P  O  U  N  M  R  C
N  M  X  T  D  R  U  E  O  O  G  M  C  A  W  A
E  B  H  I  S  U  O  N  G  S  T  A  I  R  C  R
P  F  U  U  R  T  I  M  R  I  U  R  L  I  Z  B
R  R  F  M  C  C  S  A  T  Y  U  X  U  A  O
O  M  Z  I  P  E  E  I  P  I  J  T  K  S  M  N
S  K  S  K  G  T  R  C  H  O  X  C  V  Y  X  E
P  C  E  R  A  I  R  R  A  R  T  I  F  E  X  S
E  H  A  P  D  H  E  Q  G  R  A  P  H  I  U  M
C  E  G  V  B  C  P  S  T  O  U  T  Z  U  Z  G
T  H  N  L  E  R  P  A  U  F  F  Z  E  E  Q  E
U  E  L  F  K  A  E  Z  J  H  F  A  P  R  S  Y
M  U  I  R  A  S  S  O  L  G  J  P  C  I  C  R
```

ARCHITECTURA
ARTIFEX
GLOSSARIUM
OTIUM
DUIS
PHOTOGRAPH
CARBONES
LUTUM
CRETA

PALMARIUS
PEN
PROSPECTUM
EFFIGIES
GRAPHIUM
COMPOSITIO
PICTURA
STENCIL
CERA

47 - Tuinieren

```
H  V  E  D  N  O  R  F  B  T  N  A  Q  U  A  L
D  O  T  X  V  G  O  L  O  S  S  O  B  G  N  B
K  V  S  L  O  G  G  O  T  R  E  R  R  O  V  P
F  U  Z  E  F  T  N  S  A  Q  M  L  M  H  V  T
L  X  M  J  L  R  I  U  N  W  I  S  U  Z  H  B
O  O  L  L  O  E  C  C  I  B  N  E  I  T  C  U
R  O  M  U  R  Q  S  R  C  I  A  D  L  B  O  Q
A  O  V  B  E  I  I  E  A  N  J  U  O  I  A  D
L  R  Y  L  B  J  P  T  K  Z  U  L  F  M  M  B
I  C  I  F  I  N  I  S  N  E  N  I  T  N  O  C
B  H  V  F  T  J  D  E  C  Z  W  S  J  W  U  A
U  A  L  D  Q  Z  A  I  H  C  S  H  N  F  S  H
S  R  P  U  L  V  E  C  F  C  A  E  L  I  M  V
Q  D  D  E  E  A  F  E  Y  C  N  Y  R  T  C  Y
Z  E  W  A  C  E  I  P  L  B  Z  S  R  L  M  B
E  K  C  D  F  L  B  S  S  M  W  K  O  O  A  U
```

FOLIUM	EXOTIC
FLORALIBUS	FRONDE
FLOREBIT	CAELI
SOLO	ADIPISCING
FLOS	HOSE
ORCHARD	SPECIES
BOTANICA	UMOR
STERCUS	LUTO
CONTINENS	AQUA
EDULIS	SEMINA

48 - Menselijk Lichaam

```
F N K F G H X W P X R K F W C N
R C A V K B V G G H V I T H U A
S A N G U I N E M U L L O C B R
I A F T M U H C A M O T S B I I
W Z I Y U B X N A K X B U G T B
M A N U C G C B B P M S T M U U
H U M E R U M R J T U I I Y S S
J W S X S O U O U E T T G E X U
L I N G U A W C O S N U I Y Y W
T O P M M U R B E R E C D W F M
A F F F A G P M R Q M B I B O J
T A R S O X Z B O E V E L H C F
L F H I O V I X K S M I C P Y N
Z M D R W Z K L A E S Z A W S B
G E N U U O V M L L O P A M H J
D C D A X G T M C A E M E X E U
```

CRUS
SANGUINEM
CUBITUS
TARSO
MANU
COR
CEREBRUM
CAPUT
CUTIS
MAXILLA

MENTUM
GENU
STOMACHUM
ORE
COLLUM
NARIBUS
AURIS
HUMERUM
LINGUA
DIGITUS

49 - Energie

```
G M S W C S V V H K I C M E E N
A F V M K I G A I R T S U D N I
S K R O T O M C P B S O S S A
O Z A E T N E M N O R I V N E A
L F E C N S F I R R T J O C T
I Y L A O E A C S E X U Y R I U
N Y C L T Y W R X P P L G T R R
E I U O R P A B D A L Q C T B
T H N R H A C N B O X O L E L I
U B J A P K U G K L E P F L U N
V E N T U S P U O C E D Y E J E
U B R F I P O P T Z V U W E Q X
E N T R O P Y F T U D H C C Y R
C O N S E C T E T U E R E J S B
P E L L E N T E S Q U E G C H Z
T F K Q B R V X L V Y E O P E G
```

PUGNA
GASOLINE
ESCA
PELLENTESQUE
ULTRICES
ELECTRON
ENTROPY
PHOTON
RENEWABLE
INDUSTRIA

CARBO
MOTOR
NUCLEAR
ENVIRONMENT
VAPOR
TURBINE
POLLUTIO
CALOR
CONSECTETUER
VENTUS

50 - Familie

```
P F P N E P O T E M O M O N R F
U M R H R E U P Z H P A Y T C G
E B O A E J I J I J W T V N T C
R W X X T A A L S O P E N T X B
I R U U A E M F N D L R V W X R
T Y L Q P N R A S S G F V X W Q
I I L I F D C R P U B F A V I A
A L S Y G H Z E I U N I I M F T
G N C Q E F S T S R A L J O S B
S E G N O G E R U T F I V C V Z
G P M S V Q S E V A O A I W K F
B W Y I N R E T A P T R S X Z
U I U D N K G A T U V O Z C F D
T L L I T I X M P U K R T Z C R
E H X E U S M K F Q D O I M Z N
Q Z Q O I T N E P T I S B H V B
```

FRATER	NEPTIS
FILIA	PATRUUS
AVIA	AVUS
PUERITIA	MATERTERA
PUER	GEMINI
FILII	PATER
NEPOTEM	PATERNI
VIR	ANCESTOR
MATER	UXOR
NEPOS	SOROR

51 - Gebouwen

```
M  T  M  U  I  R  O  T  A  V  R  E  S  B  O  D
L  E  G  A  T  I  O  N  E  M  P  H  T  P  S  U
Y  T  I  S  R  E  V  I  N  U  P  O  A  A  A  I
G  I  E  R  O  S  B  O  Y  E  H  S  D  Y  M  S
N  U  L  L  A  M  R  A  F  R  E  P  I  N  K  D
G  L  D  W  E  D  U  J  E  R  R  I  U  C  B  I
A  A  F  O  R  U  M  S  D  O  M  T  M  A  R  R
A  Y  R  R  P  F  U  M  E  H  Y  A  Z  S  L  W
G  P  L  A  P  L  R  F  S  U  B  L  W  T  H  Z
S  K  D  Q  G  H  T  A  C  C  M  I  Q  R  X  T
U  A  O  S  F  E  A  C  H  K  A  S  S  U  Y  H
C  J  F  O  N  L  E  T  O  H  G  M  V  M  M  Z
T  U  R  R  I  S  H  O  L  E  C  B  E  U  M  T
T  M  A  G  H  S  T  R  A  X  F  A  R  R  N  Z
T  Q  B  J  T  G  F  Y  Q  T  K  X  F  C  A  Y
T  A  B  E  R  N  A  C  U  L  U  M  E  U  M  M
```

LEGATIONEM   OBSERVATORIUM
DUIS   SCHOLA
FARM   HORREUM
CAMERAM   STADIUM
FACTORY   FORUM
GARAGE   TABERNACULUM
HOTEL   THEATRUM
CASTRUM   TURRIS
NULLA   UNIVERSITY
MUSEUM   HOSPITALIS

52 - Beroepen #1

```
K E N U T R I X H M C J S E C P
T H E S C I E N T I S T A D A H
A T T O R N A T U M Z Z L I R A
V E T E R I N A R I U S T T T R
H S M G Z H G C I T V V A O O M
C Q X G J K R B B Z G M T R G A
A T E L H T A X S A F Z O A R C
G S U C I S U M L B M G R A A I
O E T S I G O L O H C Y S P P S
J Y O R P L U M B A R I U S H T
N E F L O W M J R S O B C U E W
S E W Y O L P J E P T N I T R G
S R H E K G O A M F A X D A N X
T I X Y L E I G I U N Q E G G V
U X E N Y E X S U F E N M E D J
I L I P J O R I T S V M D L D Y
```

ATTORNATUM	EDITOR
LEGATUS	GEOLOGIST
PHARMACIST	VENATOR
ASTROLOGUS	JEWELER
ATHLETA	PLUMBARIUS
REMI	MUSICUS
CARTOGRAPHER	THE
SALTATOR	PSYCHOLOGIST
VETERINARIUS	NUTRIX
MEDICUS	SCIENTIST

53 - Antarctica

```
G E O G R A P H I A Q F X Y M S
M A I B K I G M L D K D I K C P
I L T N E M N O R I V N E C I E
N U A U Q A D Z W N D C N O F C
E S R U F U W Q O G T E U R I I
R N G J L T I A V E S T B H T E
A I I Q Q O P S C T R E E T N S
L A M N B P Y E I E A V S O E N
I B Q K E O D C N T I L D R I E
B D I M G G L X T I O K X T C N
U K B J I R V G U D N R E O S I
S I I S Y A B A C P X S E R T T
S T F A C P B Z Y O G Q U M P N
W S E T I H V R F G C C J L A O
Q A E N O I T I D E P X E I A C
M P C F X A S D Z F B G A J S U
```

BAY
CONTINENS
INSULAE
EXPEDITIONE
GEOGRAPHIA
ICE
MIGRATIO
MINERALIBUS
ENVIRONMENT
INQUISITOREM

ROCKY
PENINSULA
SPECIES
TORTOR
TOPOGRAPHIA
AVES
CETE
AQUA
SCIENTIFIC
NUBES

54 - Ballet

```
S  R  W  I  V  U  O  R  E  M  U  N  P  N  I  D
D  S  E  I  N  F  R  L  L  J  U  U  A  L  T  Z
R  X  H  C  Y  T  L  V  Y  W  A  S  O  X  M  K
A  S  R  T  E  T  E  K  T  Y  R  A  C  J  M  R
L  A  T  Y  R  N  S  N  S  K  T  R  I  U  X  O
O  G  E  S  T  U  S  U  S  L  I  T  E  B  L  T
V  H  H  R  P  B  O  E  J  I  S  E  H  Z  S  I
X  O  D  A  I  K  Z  S  N  X  O  J  T  N  E  S
A  U  D  I  T  O  R  E  S  D  Q  N  V  S  N  O
C  V  D  V  T  A  F  M  K  D  U  T  E  E  O  P
I  R  P  F  K  G  J  Q  A  E  W  M  E  M  I  M
S  R  W  A  R  T  S  E  H  C  R  O  E  I  T  O
U  G  K  Y  H  P  A  R  G  O  E  R  O  H  C  C
M  Y  M  U  V  I  S  S  E  R  P  X  E  A  E  L
O  S  O  L  O  Y  A  A  S  U  B  Z  T  T  L  F
G  G  O  C  S  J  T  I  D  M  S  Z  M  M  X  E
```

ARTIS	AUDITORES
CHOREOGRAPHY	RECENSENDUM
COMPOSITOR	NUMERO
EXPRESSIVUM	DECORUM
GESTU	SOLO
INTENSIONEM	MUSCULI
LECTIONES	STYLE
MUSICA	ARS
ORCHESTRA	ARTE
USU	

55 - Vissen

```
C Q I S W B B Z K U Q N G B M T
A W P R N R O F G M L H V U U E
P J W B E A A X L F R P N T R M
W X R P D N I O C U I H Q C T P
N W M R G C M T J X M L X R S O
A U Q A H H C A E B U E U Q I R
V N A L L I X A M J N A N M N U
I J C U T A R A P P A I Q G A M
M R S G F S G U I S E U Q O C V
C R E I N U U S X H C W G U Q V
V M Q G J C U D C F O M A H K P
R A M J M A F E N D V I S H F D
V J R Y W L Y H N O D N E G U A
P A T I E N T I A H P A Y Z P Z
Z T N L A P Z I A E H K G A F D
H R D I W A S I J B C J D E W M
```

ESCA
APPARATU
NAVI
FILUM
PATIENTIA
PONDUS
HAMO
MAXILLA
BRANCHIAS

COQUES
CANISTRUM
LACUS
OCEANUM
AUGENDO
FLUMEN
TEMPORUM
BEACH
AQUA

56 - Fruit

```
N A V U G R S S I T P F T R M V
O Y V O T P S L E C E R B U A Y
Z A S O B E R R Y M R Y D B L V
L P S U C I F D C Q S N U U O K
B A O G N A M N B U I J Z S G G
L P C O S M D I M R C C V I R W
D O L O R L A O C S U X N D A N
N E C T A R I N E U M J E A N V
H L L F R C W W B C C S V E A H
X P X P P J I P O N R U I U T G
Y P C I P P K R N O E S M S U C
P A M X I A U U J H M A U I M Z
L E M O N Y I N S R D R R X S A
A N S H V Q G O H P F E I B A J
O I U M Q X R I B B Q C P O K S
D P N F K Q W Q M D Y F Q J Q Q
```

PINEAPPLE   DOLOR
APPLE   MANGO
AVOCADO   CUCUMIS
BERRY   NECTARINE
LEMON   RHONCUS
UVA   PAPAYA
RUBUS IDAEUS   PIRUM
MALOGRANATUM   PERSICUM
CERASUS   PRUNO
KIWI   FICUS

57 - Engineering

```
D P C O N S T R U C T I O N E Y
I I R X D M B E G Z R M A I D F
U P M O Z M A H F V A D O I M I
Q E E E F Q N S D O R I S T A I
I L T V N U N A N Q U S C B U D
L L A E X S N A B T T T A P Q S
O E T S F U I D W O C R L A I C
G N I T J L W O U S U I C P L W
S T L I H U M D N M R B U P A R
M E I B E G N U K E T U L A G M
G S B U M N S T E E S T U R S R
U Q A L R A S I E R E I S A A E
U U T U E S D T M K V O S T X Z
S E S M S D C R M O T O R U I U
D I A G R A M O N R N N O S S B
Y X K K J J M F N Q A G W T A B
```

AXIS
CALCULUS
MOTUS
CONSTRUCTIONE
DIAGRAM
DIAM
PROFUNDUM
PELLENTESQUE
DIMENSIONES
DISTRIBUTIO

VESTIBULUM
ANGULUS
FORTITUDO
APPARATUS
ALIQUAM
MOTOR
STABILITATEM
STRUCTURA
LIQUID

58 - Literatuur

```
A D N A P W L P S S T Y L E F H
R I O U I O F M K R I M T R A P
G A V C X D E X N E Y A A A B C
U L E T P D E T K G R R Z D E O
M O Z O M W E O I Q Q O B R L N
E G B R A M W C G C N H G O L C
N U P X K S O P A A A P D C A L
T S S K F I C T A R R A E N T U
U W Z N E S E A H J M T E O I S
M V L R H Y U H L P H E K C V I
O D U T I L I M I S M M N P N O
J Z Q N R A I T N E T N E S Y M
T A A M E N O I T A R A P M O C
K H Z W M A M Q E O A R I M C L
D E S C R I P T I O N O Y Z T G
L F P T N K N U M E R O W B P U
```

SIMILITUDO	METAPHORA
ANALYSIS	DESCRIPTION
FABELLA	POETICA
AUCTOR	CONCORDARE
VITA	NUMERO
CONCLUSIO	NOVE
DIALOGUS	STYLE
FICTA	ARGUMENTUM
CARMEN	TRAGOEDIA
SENTENTIA	COMPARATIONE

59 - Boeken

```
Q H H C A R M E N F N E Z Q J P
Z D U I K T L D Q H O Y S E H E
T U L J S B S J N P V Z W M R R
L A I C U T D P T X E T N O C T
U L T O S S O Q U E F G I N Y I
W I T L A M M R O T C U A Z G N
I T E L C J U O I D N C N P I E
N A R E Z O T T D C J R I M U T
G T A C S X P C L I A L M M C E
E E R T K V I E C C D X R F R T
N M U I C C R L Y I D I A N R L
I D M O Z G C J R G R I C Q L I
O R R D D J S C J A S E R I E S
S G Q F A B U L A R L P L B D F
U A W T Z Q S C W T P B L B S T
S M D M L M O R I B U S V G Z D
```

AUCTOR
CASUS
PAGE
COLLECTIO
CONTEXT
DUALITATEM
CARMEN
SCRIPTUM
HISTORICA
HUJUSMODI

INGENIOSUS
MORIBUS
LECTOR
LITTERARUM
CARMINA
PERTINET
NOVE
SERIES
TRAGICI
FABULA

60 - Meer Informatie

```
D U O H U A Z G S U R M R V X H
Q Y S Z N T U A U T H L C J V P
M F S A L M K L S U C I M O T A
Q O T T A T G A P X X G V R H C
G R I E O R U X E G B N C V Z P
W S I N U P D I N F P I K V Z Z
K W G A T M I A D V I S M G E F
C J Z L O S U A I A R C A N U M
T R K P P P R J S I L L U S I O
N S E D I L W Q S K I X Z C Z L
A U C P A D A M E R T X E U C W
T L L C I T S I R U T U F D Y F
S U M L U T I M A G I N A R I A
I M O V A Z U C H E M I C A L S
D M U N D I Z S O R A C U L U M
C O N S C R I P S E R I T K W E
```

ATOMICUS
IGNIS
CHEMICALS
IMAGINARIA
DYSTOPIA
CREPITUS
EXTREMA
SUSPENDISSE
FUTURISTIC
ILLUSIO

ARCANUM
ORACULUM
PLANETA
CONSCRIPSERIT
GALAXIA
NULLA
UTOPIA
DISTANT
MUNDI

61 - Regenwoud

```
N L M C M C Z L A P D B N J M W
U C U K A X E H R M E T U L A S
L V S W R E V M U U P U S L S X
L C C B E R L D T V O H E M E R
A T U R S R A I A S L L I L B J
M M S H J C F U N I W J C B G Q
Q M E N O I T U T I T S E R I S
U U U T Q U A C K X L I P B Y A
A I R S H C M N Q Z V T S O I T
N G S O O Z U W Q L U A O T Q I
T U S A T I N U M M O C O A A S
U F H H V N T O U X A N O N K R
M E U A A T C E S N I U J I G E
W R N P V K T U R U F R V C H V
Q K B X E Q D H T P T T J A F I
Z N W R S E B U N S S K Z D V D
```

AMPHIBIA
BOTANICA
DIVERSITAS
COMMUNITAS
INSECTA
TRUNCATIS
CAELI
MUSCUS
NATURA

SALUTEM
QUANTUM
RESTITUTIONEM
SPECIES
REFUGIUM
AVES
PRETIOSUM
NUBES
NULLAM

62 - Haartypes

```
G K G R A S D U D N D D T I Z X
S L J X C I R W J T E W G F E C
W M O C O P H K Y X N B O S S V
H I G B L S U R C J I C D I P T
N X L L O U A P K B Q P E C H E
N R H G R P A N N A U G P C C N
T O E P A S T G U W E I D U R U
P O Q P T I O Q X S B P D M A I
P D R Y U R A R G E N T U M S S
B A X T M C C A L V U S N Y S I
N H E S I N N I C N I C I X U V
W R F I S S I L L O M Q G L S A
B R O W N U P N S Y Q V R M I L
Z I A Z I B Q K P Y T U U U N F
L G B L W L C X F Z L V M G E L
H N R E Y A R G E K J R N A L V
```

FLAVIS	GRAY
BROWN	CALVUS
CRASSUS	DENIQUE
SICCUM	CINCINNIS
TENUIS	CRISPUS
COLORATUM	DIU
TORTIS	ALBUS
SANUS	MOLLIS
LENIS	ARGENTUM
CRUS	NIGRUM

63 - Stad

```
C N P I S T R I N U M U R O F P
C K L U L E Z E X M U I D A T S
N F Z Q L M U R T A E H T F U B
C C B T C A I N P I S Q M L Y O
M Q T A T E P Y I V U V T O Z O
G A L L E R Y H L V M J Q R B K
Y L E T O H C I O H E V O I G S
U O G V W I X I Y V O R O S R T
D H E O Y E A R U O L O S T U O
G C T X Y L X E M G T D O I H R
V S P P G K I O G B Y D S L T E
L T G O G A A B J V L M Z T Y Y
J C F N P X I Z R Q D A E V L M
R I P A M V B R B A W S L L V L
O X G S T O R E T V R U I I L D
N Q B P W P A N O L N Y T C I Y
```

ATQUI	ELIT
PISTRINUM	MUSEUM
RIPAM	AMET
LIBRARY	SCHOLA
FLORIST	STADIUM
BOOKSTORE	FORUM
EXO	THEATRUM
GALLERY	UNIVERSITY
HOTEL	STORE
EGET	

64 - Creativiteit

```
I  S  P  O  N  T  A  N  E  A  O  N  Z  F  U  O
U  M  S  E  E  B  O  I  T  A  N  I  G  A  M  I
Z  U  P  C  D  Q  L  G  R  W  D  S  H  X  V  T
B  S  J  R  M  Y  R  R  A  Y  Y  K  D  L  I  A
I  N  K  F  E  L  A  T  I  V  G  W  P  I  S  R
N  E  A  L  L  S  U  C  I  G  A  R  T  M  I  I
G  S  R  U  X  A  S  O  I  V  S  S  H  A  O  P
E  P  T  I  U  T  L  I  U  N  U  R  K  G  N  S
N  J  I  D  Q  I  M  S  O  O  T  L  G  O  E  N
I  J  S  I  P  R  H  S  P  N  C  U  K  W  S  I
O  R  R  T  L  A  N  E  Q  O  E  V  I  N  Z  B
S  X  L  A  O  L  Y  R  A  A  F  M  R  T  R  G
U  J  V  T  G  C  N  P  S  P  F  U  L  V  U  X
S  C  P  E  Z  V  J  X  N  Z  A  I  I  X  I  M
X  F  V  M  T  Y  T  E  A  N  D  F  R  O  W  B
I  N  T  E  N  S  I  O  N  E  M  R  K  F  T  J
```

ARTIS	INTUITUM
IMAGO	INGENIOSUS
TRAGICUS	SPONTANEA
AFFECTUS	EXPRESSIO
SENSUM	ARTE
CLARITAS	IMAGINATIO
IMPRESSIONEM	VISIONES
INSPIRATIO	VITALE
INTENSIONEM	FLUIDITATEM

65 - Natuur

```
S E R E N A V L N W Q X V M D N
S V G Z E A I L A M I N A A E U
P R D S M U T I P I C S U S S B
C O J C U A A C Q K P V A T E E
Y V V J L I L A C I P O R T R S
P E J S F U I G L A C I E R T U
F U I J A Y S E T N O M F F O T
R S L X P F E P E S U F U Z O L
O I C C M R P T R A L E Z W I J
N L A S H M U I R A U T C N A S
D V L M E R R E X E S A A P E S
E A I Q A W I L F I S W W I Q I
B V G O F M O T O G J R M J F B
G F O O K K G I U Z P U Y O I A
T H E Z D J P K F D A R C T I C
I X V A X U H K C H O T D N X L
```

ARCTIC
MONTES
APES
SILVA
ANIMALIA
SUSCIPIT
EXESA
FRONDE
GLACIER
SANCTUARIUM

RUPES
CALIGO
FLUMEN
PULCHRITUDO
SERENA
TROPICAL
VITALIS
FERA
DESERTO
NUBES

66 - Zoogdieren

```
E T O Y O C H E T A U R U S M C
N Q V O R G F L U P U S O I A D
E C U I O S S E P L U V Z N C G
D U T U Q E R V L H M C Z A R C
E A Z N S U P E L I A A Z C O X
L X L I U S S G I A S S P O P C
E P D Q L Z E R T F W T J I U C
P N W E E O S G S O E O C E S N
H Y B F M M M J S Z V R X T G W
A X A R A C V B E I S C W V S Q
N R L Y C N Y H E A M U C R I H
T Q E A S I N U S H R I E C U J
I I N I H P L E D B W W A O O E
S Z A F A P A N T H E R A R D Y
O Y U F T A N Q V T I U U C C R
U C J U L E O D W Z S J G I R T
```

SIMIA	MACROPUS
CASTOR	FELIS
COYOTE	LEPUS
DELPHINI	LEO
ASINUS	ELEPHANTIS
HIRCUM	EQUUS
PANTHERA	TAURUS
ORCI	VULPES
CANIS	BALENA
CAMELUS	LUPUS

67 - Overheid

```
G E N S L I P O Y L J W S G M G
N U L L A M U O I K Y J T Y O U
X B E N S C S S L S M E A U N R
U O Q P A C I S T I H P T X U D
C I U I T A T E M I T R U O M Z
D T L D I P R C C T T I S X E L
N U I E L W A U S J U I C D N V
M T B M A L S Z I O V T A A T Q
W I E O U J S I L A I C I D U I
S T R C Q Y J N I C N R O C M Y
U S T R E Y E M V O R A T I O H
Q N A A A K W U I S I G N U M C
M O T T Q F V I C Z R Q L J I H
C C E I V E I S Q E D X Q H K O
H W M A J D U A O R Y P U C O R
C I D I S P U T A T I O N E M P
```

CIUITATEM   GENS
CIVILIS   POLITICA
DEMOCRATIA   IURA
DISPUTATIONEM   PACIS
AEQUALITAS   STATUS
IUDICIALIS   SIGNUM
IUSTITIA   ORATIO
CONSTITUTIO   LIBERTATEM
DUX   LEX
MONUMENTUM   NULLAM

68 - 1 Jaar Geleden

```
I  N  D  E  P  E  N  D  E  N  S  P  M  X  V  N
P  C  O  N  F  I  D  I  T  M  N  U  O  I  T  D
U  A  H  L  L  K  Z  Y  W  M  E  D  D  D  A  T
G  B  T  L  I  B  E  R  A  L  I  S  E  N  M  B
R  U  P  I  V  V  M  X  H  U  C  M  S  P  U  J
R  J  F  T  E  E  T  Z  L  B  I  A  T  R  I  M
A  R  T  I  S  N  N  W  X  K  F  L  U  A  R  J
M  C  Q  H  U  I  S  U  S  P  F  W  S  C  O  A
Y  I  Y  K  S  H  S  Q  S  Z  E  F  U  T  T  W
B  Q  A  I  O  R  H  D  B  T  M  G  D  I  E  F
Z  K  O  V  I  L  L  C  A  E  U  I  N  C  R  M
E  J  C  E  R  T  A  Y  W  S  M  S  U  A  C  F
P  L  W  Z  U  Q  P  B  O  N  U  M  C  I  E  E
W  U  Z  D  C  U  O  M  S  W  P  Q  A  Z  D  I
I  N  T  E  L  L  I  G  E  N  S  W  R  V  W  U
B  E  N  E  V  O  L  E  N  S  N  E  I  P  A  S
```

ARTIS	LIBERALIS
BENEVOLENS	INTELLIGENS
MODESTUS	CURIOSUS
DECRETORIUM	INDEPENDENS
CERTA	PATIENS
VENUSTUS	PRACTICA
EFFICIENS	MUNDUS
IRACUNDUS	SAPIENS
BONUM	CONFIDIT

69 - Voertuigen

```
C O M I T A T U F V L O E K Y X
K V G U U C B R Y R U E K V U Z
S F J R T Y G G Z M H J T M W G
S Z E C N A L U B M A P X Z S G
I U D B Y W T U I R B X X W C T
T L B Y M B V I X A T T E H O M
A L O M K U L V M E R U C A O O
R G Z N A S E A R O T C A R T T
O L R W D R V N T M C W R E E I
L V E R O T I T T R O P B A R R
O I J C F S H N M D O T Z R U E
D V V A C H V N E W H Q O J I S
J A N R E T P O C I L E H R U P
Z M D K X H H X Z Q M N E N J F
A U X N T F G Y T Z Q Z X G H G
O S H M V H X W M D X V V M C L
```

AMBULANCE	ERUCA
CAR	SCOOTER
TIRES	TAXI
NAVI	TRACTOR
COMITATUM	COMITATU
HELICOPTER	PORTTITOR
SUBWAY	VIVAMUS
MOTOR	RATIS
SUBMARINE	DOLOR

70 - Geografie

```
Z P M O I R E A H P S I M E H Q
V F B G U N N O R T H Y W X D W
I M I W T S S T M X D H C Z B M
S E E K O P I U M L G C M A P I
N I O U C O N Y L E M O N T E M
F D E E E D I D T A V D L S N M
U I R X A A D J U I S U W E O E
W R V Q N L U T M R N T O W I R
R E B N U T T H L T E I C M G I
Z M D E M I I Y S A L T A A E D
B W H U M T G D Q P T A Q R R I
H O L P C U N N B P L F E N A
I S Q U M D O X U U O D W Y L N
R A Q Q E O L A Y A M B S J Z U
F L U M E N C O N T I N E N S S
R Y T Y T J K W H Y W X F N M I
```

ATLAS	MERIDIANUS
MONTEM	NORTH
LATITUDO	OCEANUM
CONTINENS	REGIONE
INSULA	FLUMEN
HEMISPHAERIO	URBEM
ALTITUDO	MUNDI
MAP	WEST
PATRIA	MARE
LONGITUDINIS	MERIDIEM

71 - Kunstbenodigdheden

```
W F X D R S C F T P V O W P F R
X A T O E I L O S C J L Y S R I
M U T U L L Z Z L H M E Y F Y S
D Q E E D L E L L O K U V W C B
O A G O R I T O S F R M I J S X
N P R T Z C N D N B L E R X G V
E L E I S I O M B K F C S L L Z
C U T U U N U L C A T H E D R A
E O R M E E X Q O T M T R B O W
M U E L P P U R A R P A A V F M
E D P A C G W F M A S N E M C P
C A R B O N E S W H S R H P D N
U N P C H N I D D C G L U T E N
X A W Z H A T R A M E N T U M U
V E Z H G L O S S A R I U M O M
C A M E R A A K F M Y F D T L A
```

DONEC	LUTUM
WATERCOLORS	COLORES
PERTERGET	GLUTEN
CAMERA	OLEUM
GLOSSARIUM	CHARTA
OTIUM	PENICILLI
DELEO	CATHEDRA
CARBONES	MENSAM
ATRAMENTUM	AQUA

72 - Barbecues

```
N V U E X C N N Y T R P V F M T
S X F D H R L D K Z I O E A U B
Q W P S G A C I S U M T L F T S
C E P E M T N Q F B R E C J N T
O T F O S I C I M A F N S P E R
K A W T E C G A U U M T T I M I
Z T X A M U P I B F D I B P I D
F S H M A L R P I I R I E E D E
A E A O F A A L C V U U L R N N
M A M T U M N W E F K B C A O T
I S A L F U D C A G F O R T C E
L V U I L L I I N F U I W O U S
I U E C T L U G Z O V M H R M S
A N X M Y U M F I L I I I N A S
X W M L X P D H L L R A Y N S D
P S Z K X D I F J E N W Y R A V
```

PRANDIUM
FAMILIA
FRUCTUS
CRATICULAM
LEGUMINA
CALIDUM
FAMES
FILII
PULLUM
MUSICA

PIPER
POTENTI
CONDIMENTUM
TOMATOES
CEPE
CIBUM
TRIDENTES
AMICIS
AESTATE
SAL

73 - Schoonheid

```
G  J  K  O  Y  S  J  E  S  S  T  Y  L  I  S  T
D  R  E  U  F  T  M  L  S  H  G  R  A  T  I  A
Q  Z  N  X  T  J  T  E  D  R  A  P  B  M  G  T
R  G  J  H  R  X  K  G  L  Y  G  M  G  E  L  A
N  O  Q  P  B  K  Q  A  I  I  A  Q  P  R  G  A
E  Y  E  W  G  P  E  N  P  N  I  K  S  O  I  M
K  X  E  V  H  A  D  T  S  S  C  L  P  P  O  E
B  L  I  N  I  X  V  I  T  S  I  Q  E  N  T
E  L  E  G  A  N  S  A  I  T  F  T  C  L  A  U
Y  C  U  N  V  R  W  I  C  I  F  L  U  O  A  C
I  G  S  W  I  M  K  J  K  B  O  C  L  C  X  O
C  B  C  H  M  H  U  Y  X  I  O  D  U  L  I  L
C  I  N  C  I  N  N  I  S  O  Y  D  M  T  C  O
L  E  N  I  S  L  Y  B  T  I  N  K  O  N  I  R
P  Y  L  C  O  N  V  A  L  L  I  S  T  R  A  G
V  Y  U  Z  N  C  J  E  W  B  F  G  T  W  O  M
```

LEPOREM
STIBIO
OFFICIA
ELEGANS
ELEGANTIA
AMET
GRATIA
ODOR
LENIS

CUTIS
COLOR
CINCINNIS
LIPSTICK
CONVALLIS
AXICIA
SHAMPOO
SPECULUM
STYLIST

74 - Wetenschappelijke Discip

```
D H Y R T S I M E H C O I B D T
E H L L A W M C E S G W Z I S I
D M G N A I M E H C U D U I S J
M E G S O U U M M I H I O G W A
S N F U Y D N A K T L A B A O W
M O C I G X O H T O N L N S I Z
P I C S O V L C W B Y I W I W Y
H T N I L Y O B I O L O G Y C B
Y I U E O V G Y I R V K A I W A
S R E K R L Y B O T A N I C A M
I T H V O A O H P C N C M R W F
O U W U E W L G F O N G O T U E
L N F T T L O O I G H J T L H B
O O L X E M B Z G A K H A J B Y
G V Z C M X Z B T Y E Z N L C C
Y H Z A S T R O N O M I A X E N
```

ANATOMIA
ASTRONOMIA
BIOCHEMISTRY
BIOLOGY
CHEMIA
PHYSIOLOGY
IMMUNOLOGY
MECHANICA

METEOROLOGY
MINERALOGY
BOTANICAM
DUIS
ROBOTICS
SOCIOLOGIAE
NUTRITIONEM

75 - Bijvoeglijke Naamwoorden

```
S  I  O  O  S  O  C  F  C  M  F  Q  P  Q  E  R
J  A  J  S  O  D  R  T  Z  P  R  B  U  F  D  S
J  W  L  L  O  E  D  F  T  U  W  R  N  D  S
P  D  O  S  Y  M  A  R  E  V  C  R  U  C  C  F
J  A  T  P  A  M  T  E  M  A  T  K  S  M  R  D
R  L  K  F  C  O  R  A  P  W  U  L  D  U  I  S
S  W  P  U  D  C  I  N  G  X  O  W  Q  V  K  U
E  K  Z  O  B  H  X  V  A  Z  S  Q  O  O  X  C
S  I  T  R  O  F  H  K  C  T  A  Z  G  N  F  I
U  A  L  A  S  S  U  S  L  D  U  U  S  A  G  G
B  J  N  D  O  N  A  T  U  S  Q  R  F  E  R  A
R  E  P  U  G  R  R  R  O  X  A  W  A  Y  R  R
E  T  Y  M  S  N  A  F  B  U  B  L  U  L  U  T
P  E  S  U  R  I  E  N  T  E  S  Z  X  U  I  M
U  S  O  M  N  O  L  E  N  T  U  S  R  H  E  S
S  C  D  E  S  C  R  I  P  T  I  V  E  I  U  H
```

VERAM	NOVUM
DONATUS	DUIS
DESCRIPTIVE	FRUCTUOSA
CREATRIX	SOMNOLENTUS
TRAGICUS	FORTIS
SANUS	SUPERBUS
ESURIENTES	AMET
COMMODO	FERA
LASSUS	SALSA
NATURALIS	PURUS

76 - Kleding

```
C A E K A I T R B B O H L D P H
N I S A I N I C A L Y A P Z A A
U L N S W E A T E R O T H V J B
L A N G N A F L M J C U T V A I
L I U L U I M C B W O Y S T M T
A B M Y R L E W E J A Y W E A U
N I A H F A U G F G T D L K S G
E T L N Q D R M K M I Q X C F P
C R L K F N I U E E A C C A R B
D E I K F A Y V H D E K E J S W
C I M F F S F J D V Y Z O F H C
M O R E L I N O M T O M V L I Y
H V A L T E M A U W B N A Y R Z
M G L N C D W Z Q N T I O L T L
B R D K C A E S T U S R M P H J
Z C F B X X E J T I B Z X S X C
```

ARMILLAM
BLOUSE
BRACCAE
CAESTUS
HAT
COAT
JACKET
HABITU
MONILE
MORE

PAJAMAS
CINGULUM
LACINIA
SANDALIA
NULLA NEC
SHIRT
JEWELRY
CHLAMYDEM
TIBIALIA
SWEATER

77 - Vliegtuigen

```
H  J  C  B  E  G  K  I  M  F  F  L  K  N  E  C
I  F  W  O  T  F  O  D  U  T  I  T  L  A  S  O
S  J  J  G  N  J  Z  O  T  H  Z  I  L  V  C  N
T  C  E  D  U  S  W  P  R  Z  I  V  X  I  A  S
O  R  V  B  E  N  I  E  O  F  E  A  R  G  B  T
R  Q  M  V  S  G  F  L  P  U  B  T  E  A  T  R
I  F  A  F  N  D  U  C  I  F  U  N  K  R  V  U
A  S  I  H  A  V  E  B  S  U  S  A  C  E  E  C
X  N  C  C  R  Q  K  S  E  J  M  C  V  P  N  T
M  O  O  S  T  N  D  A  C  R  L  K  R  U  G  I
A  E  R  I  S  X  I  X  E  E  N  A  H  I  I  O
C  A  E  L  U  M  Q  Y  E  A  N  A  L  K  N  N
A  P  F  B  A  L  L  O  O  N  Z  S  T  K  E  E
V  E  R  S  U  S  A  Y  O  A  T  F  U  O  O  Z
C  O  N  S  E  C  T  E  T  U  E  R  M  S  R  I
Y  N  L  A  D  J  M  O  H  L  Y  U  N  K  D  Y
```

DESCENSUS
AERIS
CASUS
BALLOON
CANTAVIT
CONSTRUCTIONE
ESCA
HISTORIA
CAELUM
ALTITUDO

PORTUM
AER
ENGINE
NAVIGARE
CONSILIUM
TRANSEUNTE
GUBERNATOR
VERSUS
FEROCIAM
CONSECTETUER

78 - Herbalisme

```
F  Z  F  V  N  B  B  H  O  Q  Q  W  I  R  R  P
A  Y  M  A  Q  H  L  A  O  N  C  Q  M  M  O  E
E  L  N  W  U  L  K  T  S  R  I  K  Y  X  S  T
N  M  U  N  A  G  I  R  O  I  T  P  C  L  M  R
I  U  I  P  L  N  I  Y  R  X  L  U  I  Z  A  O
C  M  N  A  I  N  A  G  I  R  O  I  S  D  R  S
U  Y  C  N  T  H  M  E  M  J  R  T  U  S  I  E
L  H  A  E  A  Z  Q  Y  E  N  B  T  C  S  N  L
I  T  T  T  S  I  D  I  R  I  V  T  O  C  U  I
D  T  C  H  E  B  J  C  O  A  Y  W  R  A  S  N
J  R  O  U  U  G  S  L  P  A  N  M  C  S  R  U
S  Q  F  M  U  I  L  L  A  B  V  I  V  I  L  M
F  L  O  S  C  E  N  T  S  V  C  X  L  A  I  S
A  R  O  M  A  T  I  C  U  M  C  W  C  U  F  S
I  N  G  R  E  D  I  E  N  S  M  U  M  A  C  Z
W  B  N  B  N  N  M  J  T  A  R  R  A  G  O  N
```

AROMATICUM	CASIA
BASILIUS	ORIGANI
FLOS	ORIGANUM
CULINARY	PETROSELINUM
ANETHUM	ROSMARINUS
TARRAGON	CROCUS
VIRIDIS	SAPOREM
INGREDIENS	THYMUM
ALLIUM	HORTUS
QUALITAS	FAENICULI

79 - Kracht en Zwaartekracht

```
O Q R O B P K P I M Y Q O R T R
N W S S O O I T N E V N I N H Y
J M A C I N A H C E M Y T W Y B
A V J E M D D Z Y K D C A M Q O
G X J S L U C O R P I Y T A Z M
P Q I R T S R J G M C C A G C A
H M R S E U D A Q D T L L N U G
Y F J R M T F Q T B U H I I R N
S P D I P O L S I E M G D T A E
I F Y P U M A G P P N S Z U B T
C J V K S T L N I G U A C D I I
A O R B I T A A C L M M L O T S
Q C E N T R U M S S U M J P U M
T B M H D Z K Z U P O J R Z R I
O M L Z S K B N S M J C P I A J
R I P R O P R I E T A T E S V A
```

PROCUL
AXIS
ORBITA
MOTUS
CENTRUM
CURABITUR
SUSCIPIT
PROPRIETATES
PONDUS

ICTUM
MAGNETISMI
MECHANICA
PHYSICA
MAGNITUDO
INVENTIO
PLANETARUM
TEMPUS
DILATATIO

80 - Rijden

```
B A X V D U M E T A S B B D L B
P T N A E N E A L I C E N T I A
E F M A E S N E D I C C A X N Y
D L O Z X K T S M M H D N E F W
E E I Z G V R I C U B K W A H I
S L L C G I Z O B L K N B Z M E
T C H M G A P K W U G A R A G E
R Y E U N E V M H C L B E K E J
E C X L B L C B Z I R U B J S U
M R G U E G N L Y N A G M F C D
X O P C Z R A C Q U N X E R A G
M T T I D R I V D C Q Z T T M J
I O V R R O N T C Q B A U C E Z
C M B E E T L F A E T A L P W B
M A P P F O E O X T A J A L P N
Y K O W J M K L R Y E A S Y W G
```

CAR
ESCA
GARAGE
VESTIBULUM
PERICULUM
MAP
LICENTIA
MOTOR
MOTORCYCLE
ACCIDENS

AT
DUMETA
CELERITATE
PLATEA
CUNICULUM
SALUTEM
AENEAN
PEDESTREM
DOLOR
VIA

81 - Wetenschap

```
P V C P R G U W R Z E T R I B Q
A P A R C S Y M J T N X U S X S
R X E A H M O D U S O A M I Q U
T Y L E C U N D Y I I B T L J B
I B I G M T C J X T T M E U S I
C O Q R M N S I T N A L P C R L
U Y I E X E P D O E V S V E X A
L H J S X M Y Z S I R Z E L D R
I C M S M I R R M C E N V O K E
S L F U D R E L I S S O F M E N
I V T S H E E G E T B Y E W O I
N N U S M P S W H Y O D A T A M
D U I J D X P H Y S I C A N Z V
T E L A V E G R A V I T A T I S
J N T L Y P W J S L O Q U T J A
Y C J A A I L F H J P A T O M B
```

ATOM
EGET
PARTICULIS
PRAEGRESSUS
EXPERIMENTUM
EO
FOSSILE
DATA
RUM
CAELI

NULLA
MODUS
MINERALIBUS
MOLECULIS
NATURA
PHYSICA
OBSERVATIONE
PLANTIS
SCIENTIST
GRAVITATIS

82 - Natuurkunde

```
M M V E L O C I T A S O S R U V
O O E L J P D W G Z I I M Q N E
L X N C I S D F R K T T B Y I S
E Z I T H S H H X W A A R D V T
C C G M X A L U C I T R A P E I
U E N A Q T N W P V I E T A R B
L E E S T I O I H J V L G A S U
O Z B S C S R F C O A E Q E A L
L U G A W N T E R A R C O A L U
A T O M R E C O B E G C F T I M
G L N P O D E C A J Q A G D S U
F C H A O S L W D A L U M R O F
L C W T V N E G R Z C U E J A D
M A G N E T I S M I Y R U N E O
S P I E N O I T A R A P M O C H
E X P E R I M E N T U M P F Q Y
```

ATOM	MAGNETISMI
CHAOS	MASSA
EGET	MECHANICA
PARTICULA	MOLECULO
DENSITAS	ENGINE
ELECTRON	COMPARATIONE
EXPERIMENTUM	VELOCITAS
FORMULA	UNIVERSALIS
FREQUENCY	ACCELERATIO
VESTIBULUM	GRAVITATIS

83 - Muziekinstrumenten

```
C W T M G W A L P P B L Q T P H
P O G Y D R F F B I A B E R E A
Y L H J M P Z L E A N G U O R R
G L E A T I V S N N J P M M C M
H E C N K A A O F O O I D B U O
K C F S I M U N A P M Y T O S N
W F P Y D J O A F S N X G N S I
C Q J K K Q V T C A C V L E U C
T P T S S F B A I X T W S M S A
M A N D O L I N T O I A I B I T
F C O G O B N C H P B K H A D T
G F Z Y O N O H A H I J D S O Y
J L N Q E C G H R O A Y S S H X
A D L T U B A O A N E H J O L G
N R B Z W L S E N E K M B O X U
R J R Q J E V B G G A V Y N I C
```

BANJO	MANDOLIN
CELLO	HARMONICA
BASSOON	PERCUSSUS
TIBIA	PIANO
CITHARA	SAXOPHONE
GONG	TYMPANUM
SONATA	TROMBONE
TIBIAE	TUBA
PLENI	VITAE

84 - Ethiek

```
R  P  N  M  I  S  E  R  I  C  O  R  D  I  A  M
E  A  E  D  B  O  N  A  Q  U  I  S  Q  U  E  V
A  T  R  O  I  T  N  E  R  E  V  E  R  L  E  K
L  I  N  C  S  P  S  A  P  I  E  N  T  I  A  M
I  E  D  B  B  Z  L  G  I  V  U  V  M  B  O  X
S  N  D  Y  K  W  S  O  E  Y  P  D  I  D  V  D
M  T  Y  Y  H  Z  B  T  M  U  U  D  I  J  A  Z
U  I  S  K  M  J  M  E  T  A  T  I  N  G  I  D
S  A  Q  F  E  R  D  I  N  Q  T  V  O  Q  T  A
R  A  T  I  O  N  A  B  I  L  E  I  E  F  N  L
I  N  T  E  G  R  I  T  A  T  E  A  C  K  A  T
P  H  I  L  O  S  O  P  H  I  A  S  L  A  R  R
M  I  S  E  R  I  C  O  R  D  I  A  C  R  E  U
X  C  V  P  C  O  O  P  E  R  A  T  I  O  L  I
G  K  V  S  H  O  N  E  S  T  A  T  I  S  O  S
L  A  H  U  M  A  N  I  T  A  T  I  S  B  T  M
```

ALTRUISM	SPE
DIPLOMATICAE	REALISMUS
REVERENTIOR	RATIONABILE
HONESTATIS	COOPERATIO
PHILOSOPHIA	TOLERANTIA
PATIENTIA	MISERICORDIAM
QUISQUE	BONA
INTEGRITATE	DIGNITATEM
MISERICORDIA	SAPIENTIA
HUMANITATIS	

85 - Antiek

```
F S N I O C J J Z Q P H G Y R V
C U E T H O C J E U I M A R E V
O P L L P S E C C A C B L L S E
N E Y A E K G X Y L T E L E T R
D L T D R G S D L I U G E W I V
I L S P F G A L L T R Q R E T X
T E F M X J X N I A A P Y J U D
I C L A I T E M S S E Y I C T I
O T G L N V E T U S P B H T I G
R I S L T A T I L O S N I C O N
W L K U O I T J S G B L K E N I
Z E M N E S B I X X A D S N E S
B M U I T E R P C F K N C T M S
E N O K C P I G R U G P E U K I
D V W K O N S V Y B S E X R Q M
Q Y J P N H D G F Q V G P Y S I
```

VERAM
NULLAM
CENTURY
ELEGANS
GALLERY
DIGNISSIM
ITEM
ES
QUALITAS
FANATICUS

SUPELLECTILEM
COINS
INSOLITA
VETUS
PRETIUM
RESTITUTIONEM
PICTURAE
JEWELRY
STYLE
CONDITIO

86 - Activiteiten en Vrije Ti

```
U  G  J  H  X  J  Q  E  S  G  M  E  D  N  L  J
B  O  X  I  N  G  G  E  U  Q  I  T  S  I  R  T
T  I  K  T  E  U  N  K  P  P  S  U  H  Q  A  F
O  R  N  O  I  Z  I  M  E  I  S  L  O  R  N  C
B  B  A  T  O  M  N  U  R  S  I  T  B  O  I  M
C  E  S  V  T  G  E  N  F  C  N  R  B  G  V  K
C  A  Y  Y  E  S  D  G  I  A  G  I  I  H  L  I
J  O  S  J  R  L  R  O  C  N  I  C  E  H  U  H
Y  H  N  T  E  M  A  L  I  D  D  E  S  V  P  H
U  R  V  S  R  Y  G  F  E  I  M  S  T  D  D  X
E  I  P  V  E  A  U  B  S  E  T  N  A  T  A  N
S  Y  R  T  O  Q  R  U  Z  V  F  P  M  F  E  E
O  B  V  A  Q  T  U  H  V  C  P  T  E  I  Y  E
K  S  N  U  R  D  V  A  R  U  T  C  I  P  E  U
B  A  S  E  B  A  L  L  T  O  Z  L  Z  T  J  Q
Q  R  U  I  M  F  V  B  V  B  S  O  G  T  Y  M
```

ULTRICES	AMET
BOXING	TRAVEL
CONSEQUAT	PICTURA
GOLF	SUPERFICIES
PISCANDI	TRISTIQUE
HOBBIES	GARDENING
BASEBALL	DIGNISSIM
CASTRA	PULVINAR
ES	NATANTES

87 - Water

```
U U P H N G Q E G L Z A H S C O
D Q C C H I G E M F J X B F N N
M Q W A M Z W P B J S A V F G Y
T K G L H T I V M Y O T G Q W D
X J E M U I V U L I D D K Q R A
F D L B A M U N A E C O P E G Y
D V U N I X O H U M I D I T A S
E D S Z V V T R F L U C T U S I
A N E M U L F O E L P W E R C L
L D T O L Y E P C B A X F L H A
L O T S P J K A I C M F B Q N
E T E S I A D V F C H I U M P A
C I R R I G A T I O N E S S D C
O E V A P O R A T I O D I M U H
R E S Y E G N B R H R W R N V Q
P Y K K H B P L U N D E E M K L
```

IMBER	DILUVIUM
GEYSER	PLUVIA
FLUCTUS	FLUMEN
ICE	NIX
IRRIGATIONES	VAPOR
CANALIS	EVAPORATIO
LACUS	UMOR
ETESIA	HUMIDO
OCEANUM	HUMIDITAS
PROCELLAE	GELU

88 - Schaken

```
T L U D U M J B U E Y I D A D C
X O I L I S N O C K X T F L U E
Z R R E T E M A I D G E S Z R R
J Y K N L U D I O L U D I U S T
D G Y U E R E C S I D M S E N A
F S U I R A S R E V D A A P I M
O C Q D A N M D L T L C U G E
R A G O O I N E T X Q E R N R N
T H T T S G N V N Z J U I C U K
I S U P M E T H L T D Z F T M I
S T N X E R E B M L U R I A W V
S O A E A C G F C H X M C F J L
I H N L O Y E M Q Q P W I J X B
M E U C B B T A M H H C U P N A
U T V N A U H S R K H Q M V V Q
S R N M K D S Q Z P A S S I V A
```

DIAMETER	LUDUM
FORTISSIMUS	LUDIO LUDIUS
REX	CONSILIO
REGINA	ADVERSARIUS
DISCERE	TEMPUS
SACRIFICIUM	TORNEAMENTUM
PASSIVA	CERTAMEN
PUNCTA	ALBUS
PRAECEPTA	NIGRUM

89 - Boerderij #1

```
T Q E E M M E L R C L U X H N A
Y Z H M Q E L Y I A C S J R C G
K S F E S U M R C N K W N W O R
H V W G Y D U B E N O M C K R I
W H F E L I S S I P A E S D V C
S T E R C O R A T C C P Z H U U
O G Y G W I O R G A A E A Y S L
B U U U O V A C O N H S P A W T
D X N M M R V C X I I H I K V U
A Q U A X K K L L S R Z A N A R
N A H F N B H H C G C Q O Y U A
I Z U H H R A L G C U R V L T S
M R L X Q J D M B T M U L L U P
E I U D I I A W W E V Z J X O S
S E V I T U L U M M K A V Y X M
O B O U V B O A E N Y E Z Y T J
```

APIS	BOS
ASINUS	CORVUS
HIRCUM	GREGEM
SEPEM	AGRICULTURA
CANIS	STERCORAT
MEL	EQUUS
HAY	RICE
VITULUM	AGRO
FELIS	AQUA
PULLUM	SEMINA

90 - Huis

```
K U L F V Q O J Y E I L S L C R
K Q E W E H O R T U S O U I U X
V W H A S Q O J Y K F C P B B E
B D L C T W W L V H U U E R I N
M V S I I S I P Y D N S L A C U
Z E A T B U I E N G D I L R U Q
L P E T U B O N I M A C E Y L Y
X A Q A L I M B E R M J C W U T
I J Q Y U W C U X G E U T R M E
R D P U M E P E S H N D I O V J
G G F H E F O C O O T Q L T F R
M U R U M A N R E C U L E B S M
G A R A G E R V P G M W M M O O
N B V D C L D I S P E C U L U M
V T T E D O T X A T E C T U M G
S Y I R I V Z O T V L I T Q Q E
```

GENISTAE	VESTIBULUM
LIBRARY	LUCERNA
TECTUM	SUPELLECTILEM
OSTIUM	MURUM
IMBER	LAQUEARIA
GARAGE	CAMINO
FOCO	CUBICULUM
SEPEM	SPECULUM
LOCUS	HORTUS
FUNDAMENTUM	ATTICA

91 - Geometrie

```
W  M  T  P  C  A  H  P  S  T  C  O  A  T  M  F
S  A  O  F  A  B  E  E  U  S  V  L  N  H  E  Y
D  L  O  M  B  R  G  Q  L  R  M  H  G  E  D  E
Q  C  P  B  I  X  A  R  U  W  Q  J  U  O  I  O
A  U  R  P  M  U  M  L  C  A  V  I  L  R  A  Q
C  I  R  C  U  L  U  S  L  M  T  O  U  I  N  U
I  J  G  G  L  G  L  I  A  E  O  I  S  A  U  A
G  D  M  U  U  V  U  L  C  I  L  T  O  P  S  D
O  O  Q  E  G  F  B  A  L  C  B  A  D  R  K  R
L  J  T  I  N  U  I  C  N  I  Q  R  U  A  Z  A
C  T  R  W  A  H  T  I  Q  F  M  T  T  E  C  T
V  U  J  C  I  H  S  T  M  R  A  B  I  D  J  U
Q  D  R  U  R  I  E  R  R  E  S  H  T  I  K  M
P  K  J  V  T  D  V  E  H  P  S  J  L  T  M  N
E  S  Q  I  A  K  P  V  M  U  A  M  A  I  D  S
I  M  U  T  N  E  M  G  E  S  K  N  K  S  P  F
```

CALCULUS	MASSA
CIRCULUS	MEDIANUS
CURVA	SUPERFICIEM
DIAM	PARALLELA
RATIO	SEGMENTUM
TRIANGULUM	PRAEDITIS
ANGULUS	THEORIA
ALTITUDO	AEQUATIO
VESTIBULUM	VERTICALIS
LOGICA	QUADRATUM

92 - Jazz

```
T N J T C C D H A U M E H C O H
N C O M A R O L O S R A X R R E
V G E V Z L O M Q E A S B Z C Q
E S V M W Z E M P B C R L V H X
T I N C H B J N R O I O O W E X
U C O U T O T M T B S V L G S E
S C O B F B E C T U U I O A T A
I O R M U B L A U D M W T V R R
L N E U P F Y N O V U M O I A T
I C M C G O T R W B Z U Z G O I
B E U I E X S E T I R O V A F F
O R N T N B H I U J J F R N P E
N T K N U N O X T V S V Q B C X
O Q N A S F M U R O C I S U M P
V Y Y C O K B O E A R D Z N R O
I M P R O V I S A T I O N R M B
```

ALBUM
ARTIFEX
NOBILIS
COMPOSITOR
CONCERT
FAVORITES
GENUS
IMPROVISATION
CANTICUM
MUSICORUM

MUSICA
NOVUM
ORCHESTRA
VETUS
NUMERO
COMPOSITIO
SOLO
STYLE
TALENTUM
ARS

93 - Getallen

```
A M V N D U M D N R T R Y D U O
M I C E D N I U Q U X I O U N T
X C Y T F D C O N U L T L R W C
D E L X I E E D O U O L E G C O
E D D K H V D E V Q U P A U F S
C R F P G I E C E D A C L Y B E
E O Z M R G S I M E T P E S E P
M U V B E I Y M O C N C N E K T
E T H C B N K J S E U Q X R W E
T T R R N T R A W M U L S T S M
O A K E N I Q U A T T U O R E D
C U A I D V I G I N T I X T X E
T Q R M F E Q U I N Q U E L P C
O P C H T S C N H F M O C N A I
S H Z W N B N I N Y S N A G L M
L V M U N O O L M Y X L C K P V
```

OCTO	DUO
DECEM ET OCTO	VIGINTI
TREDECIM	QUATTUORDECIM
TRES	QUATTUOR
UNUM	QUINQUE
NOVEM	QUINDECIM
UNDEVIGINTI	SEX
NULLA	SEDECIM
DECEM	SEPTEM
DUODECIM	SEPTEMDECIM

94 - Boksen

```
R E C U P E R A T I O N J V P K
L A S S U S I J M F F Y Y V U F
R E Q W T A X Q E R F H R E G O
A K X J Y I E G N H I S N L N R
T R X W Q R S A T C N U P O A T
C U B I T U S W U W M P B X T I
U J I H M I O C M B P R J G O T
J D X M S N Y X R P R O N X R U
E R A R T I C L A C U C I C W D
A P U G N O Z B E L L A M G X O
E N U V X I U F M U Q E R J Y R
F R G A R T E U V Z D S U C O F
P E O U Q F P N T T V L L R T
M W C L L M Y E A R Q U P L P L
N U P K Y O N S W N J S L K G V
A D V E R S A R I U S I V A F C
```

CUBITUS	CALCITRARE
FOCUS	VELOX
CAESTUS	ADVERSARIUS
RECUPERATIO	FUNES
ANGULO	LASSUS
MENTUM	ARTE
BELL	PUGNATOR
FORTITUDO	INIURIAS
CORPUS	PUGNO
PUNCTA	

95 - Boerderij #2

```
H  K  Q  H  D  Q  D  J  D  C  Z  W  P  Q  V  I
J  O  C  I  B  U  M  U  R  U  D  Y  R  W  E  R
T  G  R  G  F  U  E  K  A  W  F  A  A  A  G  R
C  S  Q  D  I  H  H  D  H  X  E  L  T  X  E  I
M  R  V  O  E  S  U  T  C  U  R  F  I  H  T  G
A  V  X  A  A  U  A  G  R  I  C  O  L  A  A  A
T  F  D  O  N  N  M  V  O  T  W  A  L  M  B  T
U  V  I  N  I  G  U  X  G  J  P  J  A  A  I  I
R  B  S  D  M  A  C  N  H  A  Y  L  B  L  L  O
A  G  V  L  A  E  I  W  V  O  C  A  V  L  I  N
J  W  A  U  L  F  T  N  T  X  R  C  I  I  S  E
B  H  N  P  I  S  I  T  A  N  A  R  Q  W  E  S
B  X  O  Q  A  H  R  R  K  X  K  N  E  T  V  H
K  Q  M  A  M  U  T  N  E  M  U  R  F  U  O  T
T  R  A  C  T  O  R  Q  W  V  J  A  A  G  M  K
W  I  N  D  M  I  L  L  N  N  R  R  U  E  C  W
```

AGRICOLA	FRUMENTUM
ORCHARD	LAC
ANIMALIA	MATURA
ANATIS	OVES
FRUCTUS	HORREUM
HORDEUM	TRITICUM
VEGETABILIS	TRACTOR
IRRIGATIONES	CIBUM
AGNUS	PRATI
LLAMA	WINDMILL

96 - Psychologie

```
J U S T O O Q M O R I B U S J P
E L D E C P L U W X D I P V A U
G C F P Z A B P A O L G M F O E
A S E N S U M X I E Q W A P T R
B P O K E X Y Q N A S T B H A I
R E P K N I W G M A N T V Y X T
U M X O O P I T O X E T I L A I
T A B V I V T O S T M K T O T A
I F Z W T N J Z L Y A X W W I E
R F A T A P T O O I T I N G O C
E E K B T F P M J G R E I P N S
P C M A I R O M E M E V M P E U
X T P I G A M Z G N C M A A M F
E U Z V O O Q K H Z T D S T Q D
T S I Y C P E R C E P T I O J G
C O N S C I E N T I A M L B U D
```

APPOINTMENT
TAXATIONEM
CONSCIENTIAM
COGNITIO
CERTAMEN
SOMNIA
EGO
AFFECTUS
EXPERITUR
COGITATIONES

MORIBUS
SENSUM
MEMORIA
PUERITIA
FUSCE
PERCEPTIO
QUAESTIO
RE
JUSTO

97 - Zakelijk

```
T R K H Æ T E N O M N K O L D B
M W E S K E A T U B I R T E O B
N O R Q H G V B X O D X W H L S
O L L Y L D K P E E Y Q N F O M
F U U E Q U V V B R J U Q A R H
F C R G S B Q M I Z N : O C I D
I I A H Z T X K H F Y A V T F D
C R P Z N L I Z D T H Z M O E I
I R Y W M Y P E A C B F E R U S
U U I E L U C R U M P E Q Y J C
M C S U C R A P W R S D D L J O
U P E C U N I A S U M P T U S U
V K S Q R G A R E D I T U S U N
G A R L F N G N T Y W S A L E T
A X P H D E O M I S S I N G I D
R D E Q Y J H C C F U Q L E E P
```

DOLOR	OFFICIUM
BUDGET	DISCOUNT
TRIBUTA	SUMPTUS
CURRICULO	ADHIBE
PARCUS	MONETÆ
FACTORY	SALE
FINANCE	DICO:
PECUNIA	MOLESTIE
REDITUS	TABERNAM
DIGNISSIM	LUCRUM

98 - Voeding

```
V G N D Z L W W J F F B I C O B
S I L U D E O V R E S V D F X C
S U T I T E P P A R V B L H Z S
Z E C A R A M A D M M M J J Q R
A N U K M O X O I E S U D N O P
L D F K E I J E E N V T M L Q C
Z J I C N L N H T T X N E I U I
H P K P O S L U W U D E T B A B
B E G J I U W J M M N M U R L U
F X L A T S E R O U Q I L A I S
M A K X C U C F I H T D A T T L
S T R X O N W I C H O N S U A G
S O V G C A A F N I X O T M S V
W I Y U N S R I C G X C R C B F
B X C J O S A P O R E M F L D S
E C D Y C N R S G T M B A X T Y
```

AMARA   SALUTEM
ADIPISCING   QUALITAS
DIET   CONDIMENTUM
EDULIS   SAPOREM
APPETITUS   CONCOCTIONEM
SERVO   TOXIN
LIBRATUM   VITAMINUM
FERMENTUM   LIQUORES
PONDUS   CIBUS
SANUS

99 - Chemie

```
C U C G H C E F B P T J G K S I
O H P E C O H M N O O O A S J W
N K L R K N U U T B R N R P H H
S N J S E S Q D L R L J D T G N
E P B U Z E N I L A K L A U O O
Q C E C M C C C A C A L O R S R
U S P W E T D A S F A W W O V T
A I O N N E D N T E S Q E L E C
T L V G O T C O B A B D E O S E
O L A D I U Q I L M L I I D T L
R A I K T E M Y Z N E Y E O I E
G T O L C R O E H D L Z S K B N
A E H W A M O L E C U L O T U K
N M W N E C D D W W V E R E L B
I Q P G R N V Y E G M S A C U M
C J T L T P E L K V C W C D M G
```

ALKALINE	MOLECULO
CONSEQUAT	ORGANIC
ELECTRON	REACTIONEM
ENZYME	TORTOR
VESTIBULUM	LIQUID
PONDUS	CALOR
ION	CONSECTETUER
CATALYST	SAL
CARBO	ACIDUM
METALLIS	DOLOR

1 - Metingen

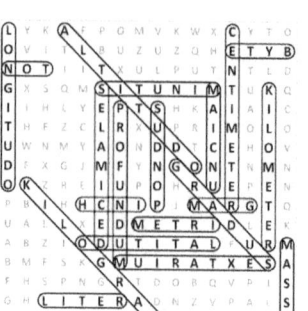

2 - Opwarming van de Aarde

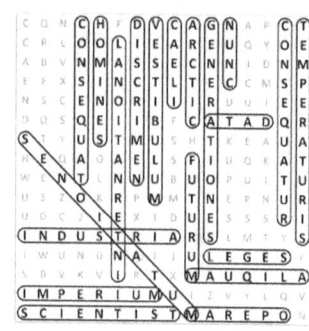

3 - Boten

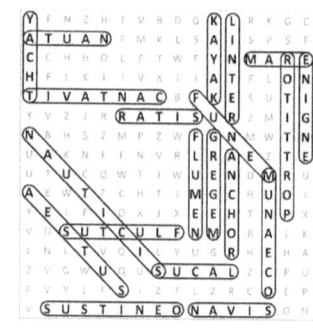

4 - Gezondheid en Welzijn #2

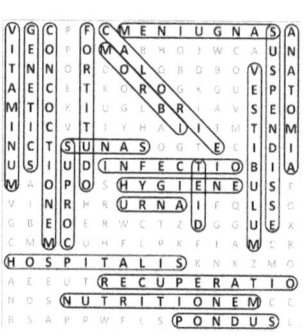

5 - Tijd

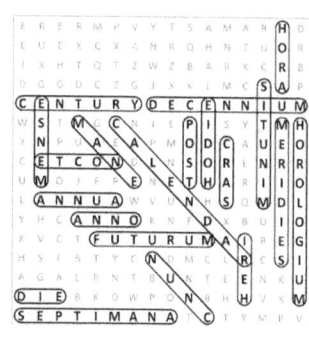

6 - Meditatie

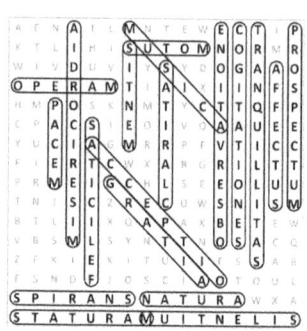

7 - Muziek

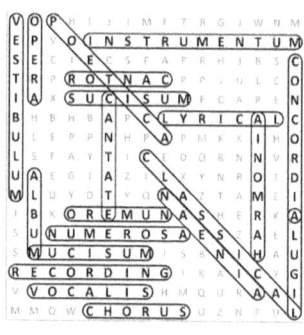

8 - Vogels

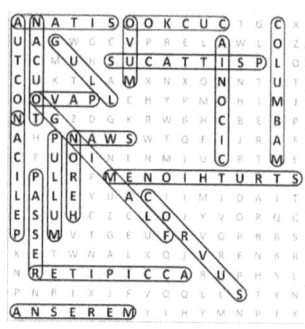

9 - Behoud

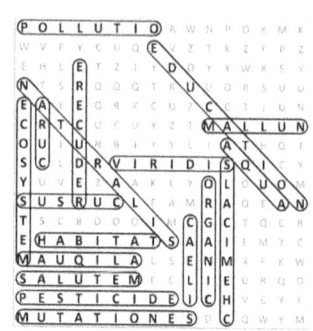

10 - Universum

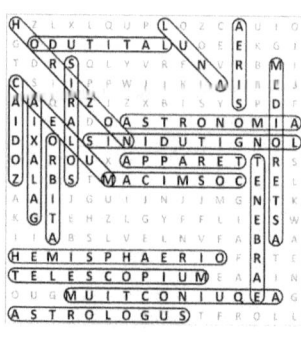

11 - Wiskunde

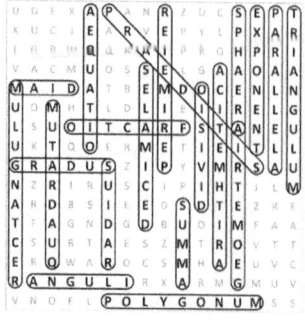

12 - Gezondheid en Welzijn #1

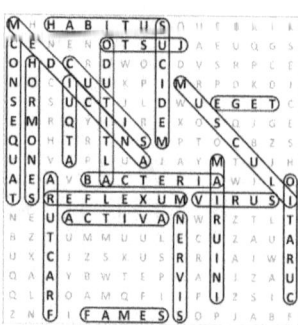

13 - Camping

14 - Algebra

15 - Activiteiten

16 - Vormen

17 - Diplomatie

18 - Astronomie

19 - Vakantie #2

20 - Weersomstandigh

21 - Eten #2

22 - Geologie

23 - Specerijen

24 - Groenten

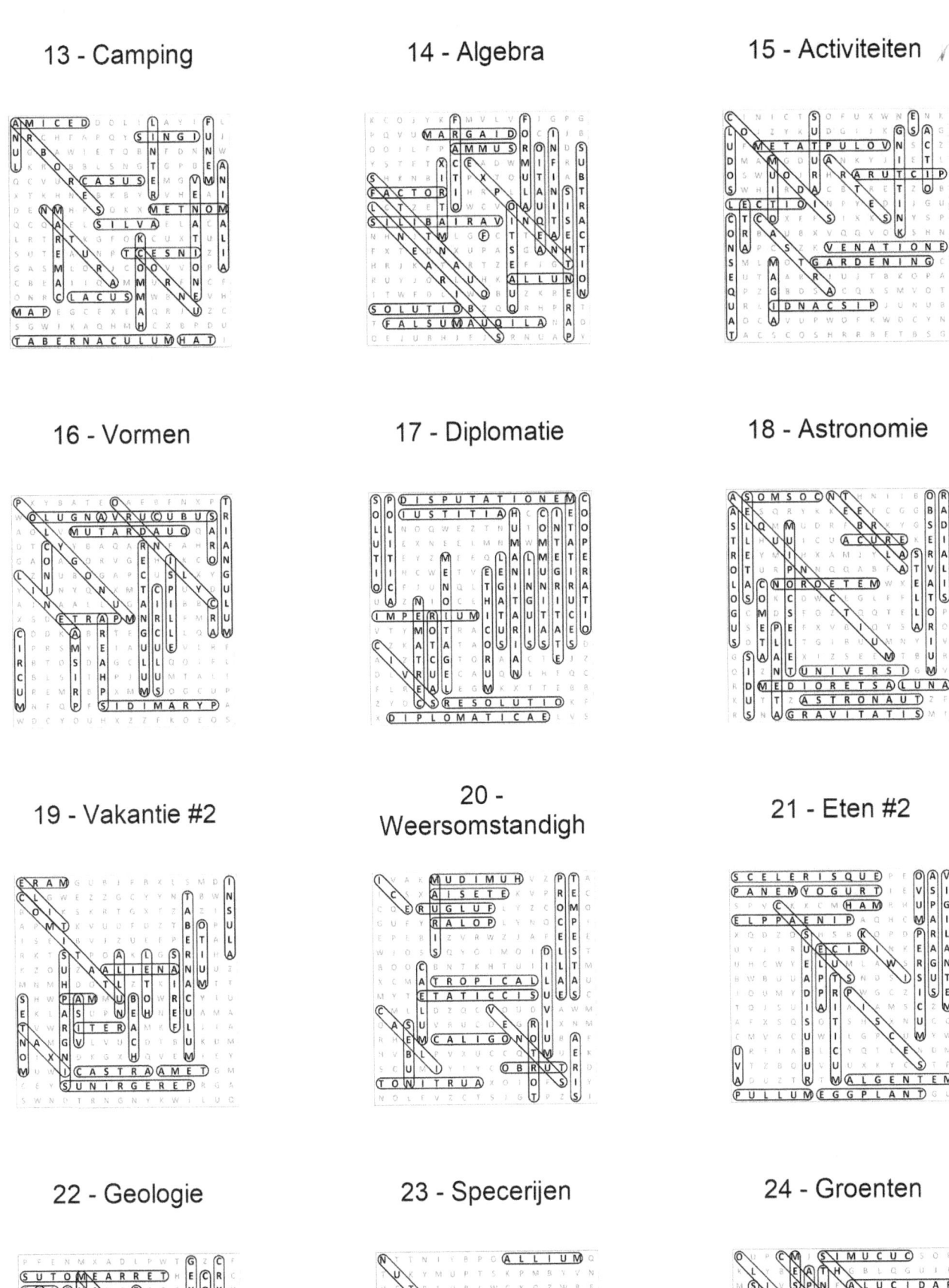

25 - Archeologie

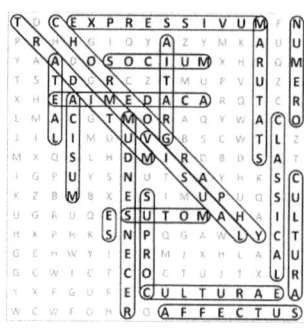

26 - Dans

27 - Ziekte

28 - Mythologie

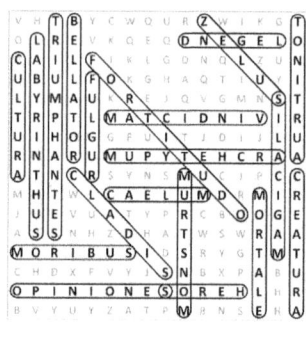

29 - Eten #1

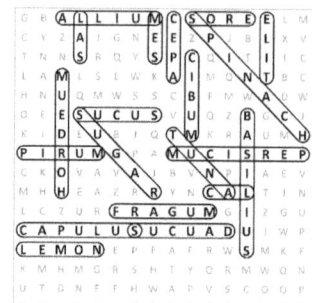

30 - Avontuur

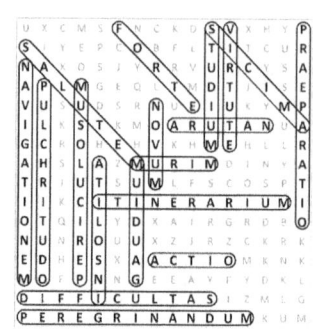

31 - De Media

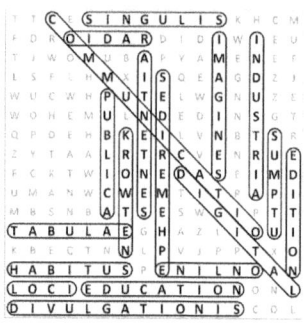

32 - Bijen

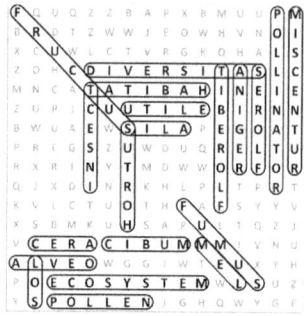

33 - Wandelen

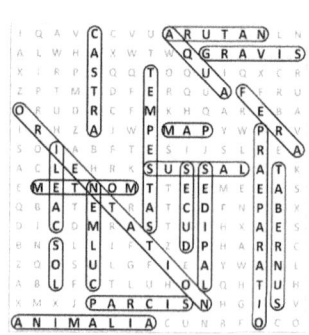

34 - Ecologie

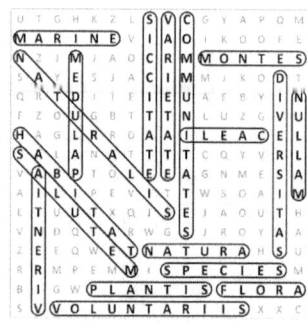

35 - Biologie

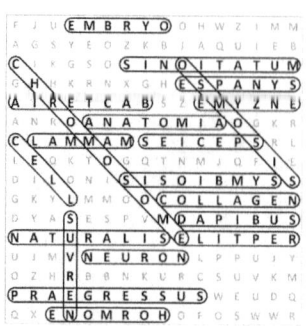

36 - Landen #1

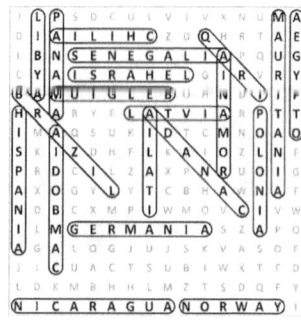

37 - Installaties

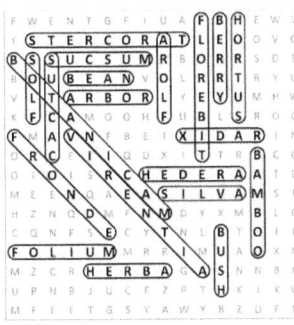

38 - Agronomie

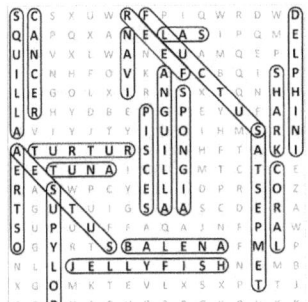

39 - Oceaan

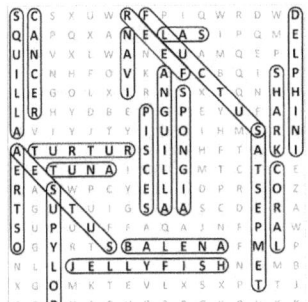

40 - Landen #2

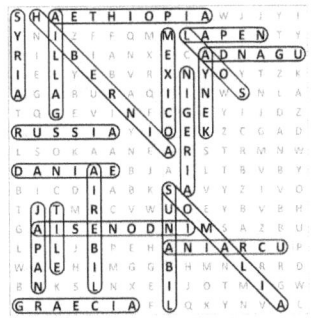

41 - Bloemen

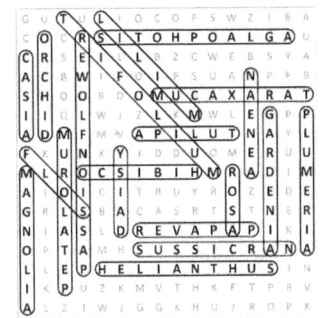

42 - Landschappen

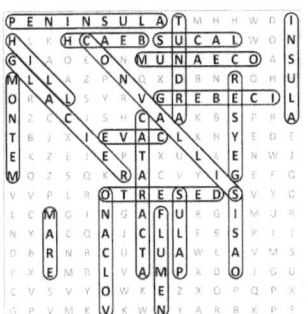

43 - Tuin

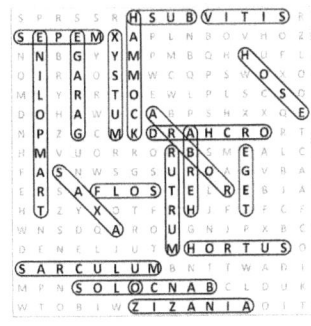

44 - Beroepen #2

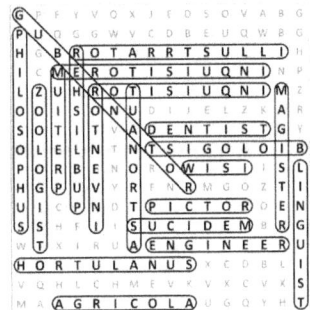

45 - Dagen en Maanden

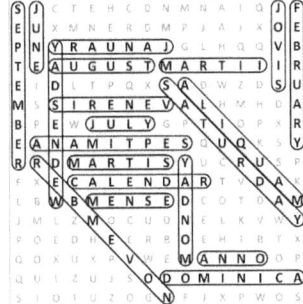

46 - Beeldende Kunsten

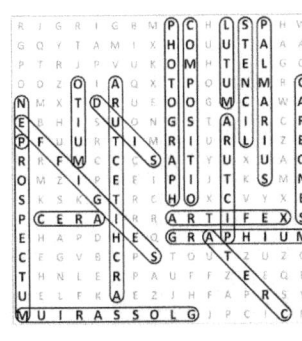

47 - Tuinieren

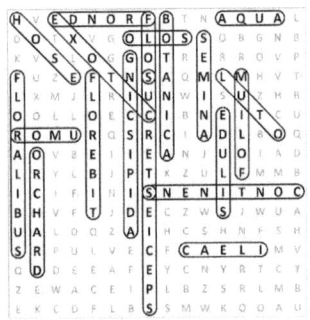

48 - Menselijk Lichaam

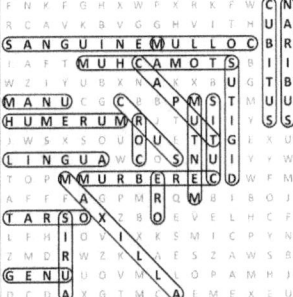

49 - Energie

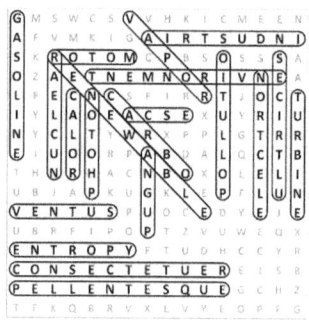

50 - Familie

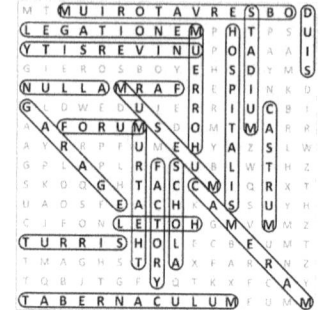

51 - Gebouwen

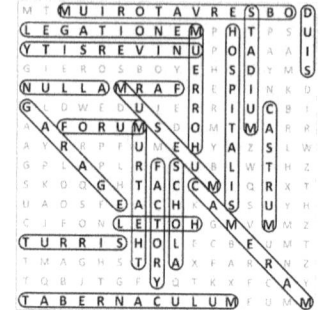

52 - Beroepen #1

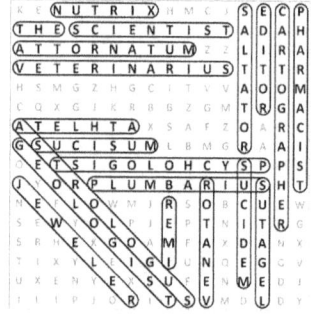

53 - Antarctica

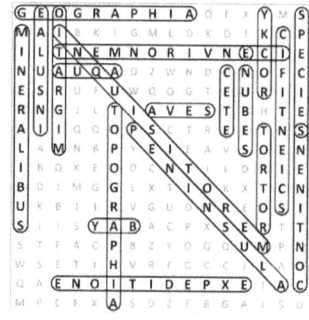

54 - Ballet

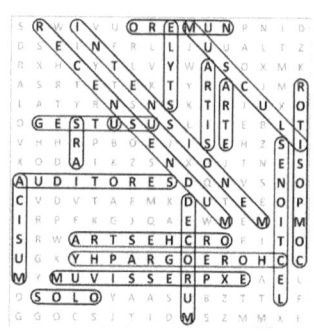

55 - Vissen

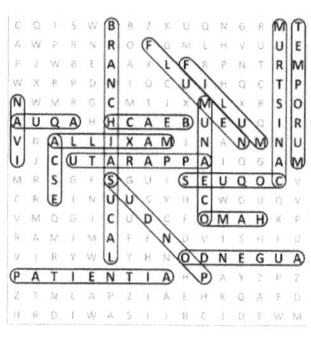

56 - Fruit

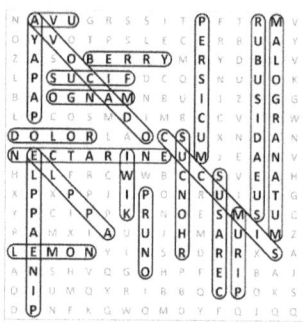

57 - Engineering

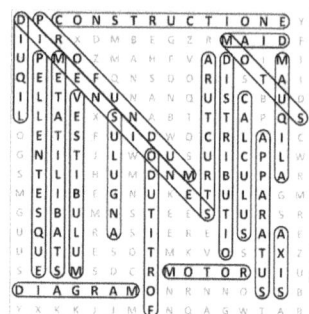

58 - Literatuur

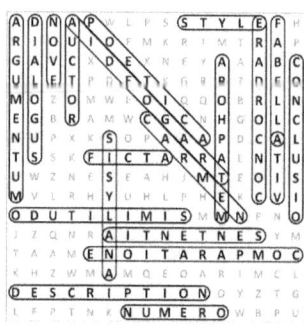

59 - Boeken

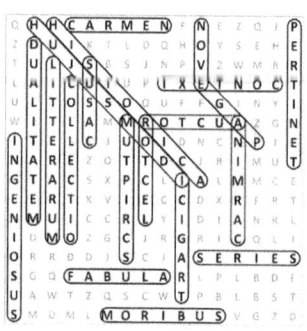

60 - Meer Informatie

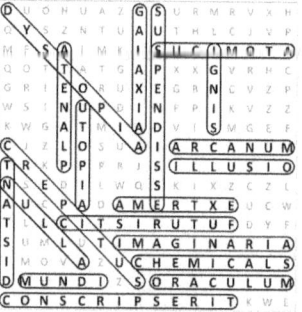

61 - Regenwoud

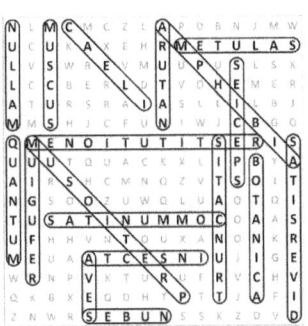

62 - Haartypes

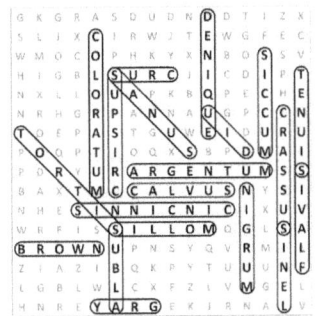

63 - Stad

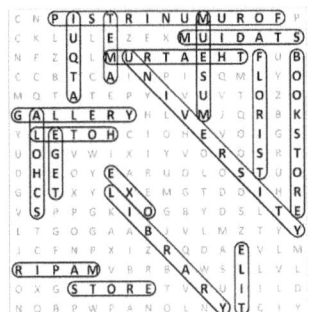

64 - Creativiteit

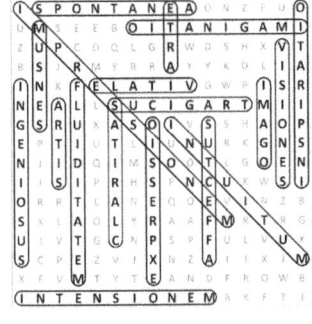

65 - Natuur

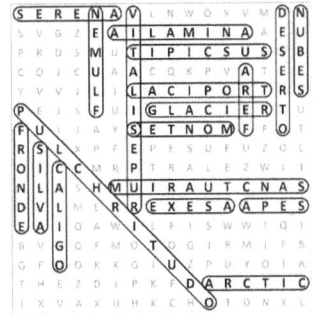

66 - Zoogdieren

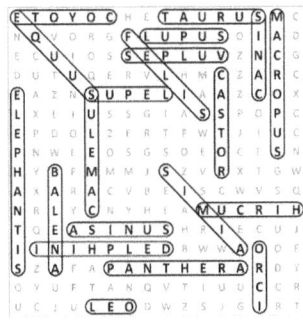

67 - Overheid

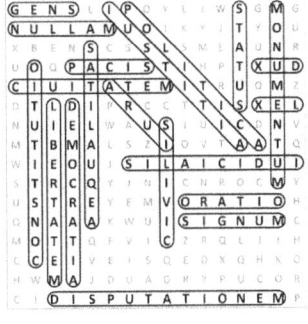

68 - 1 Jaar Geleden

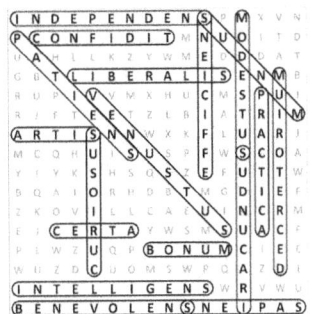

69 - Voertuigen

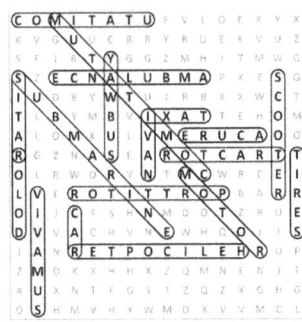

70 - Geografie

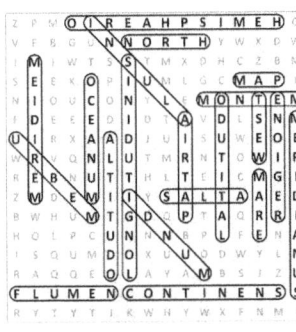

71 - Kunstbenodigdhe

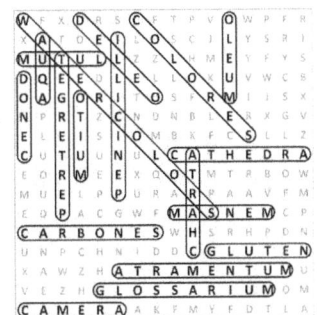

72 - Barbecues

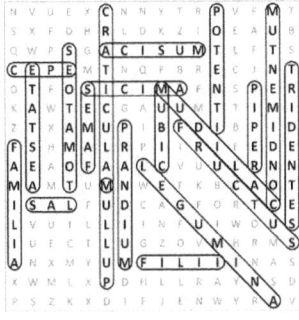

73 - Schoonheid

74 - Wetenschappelijk

75 - Bijvoeglijke Naamwoorden

76 - Kleding

77 - Vliegtuigen

78 - Herbalisme

79 - Kracht en Zwaartekracht

80 - Rijden

81 - Wetenschap

82 - Natuurkunde

83 - Muziekinstrument

84 - Ethiek

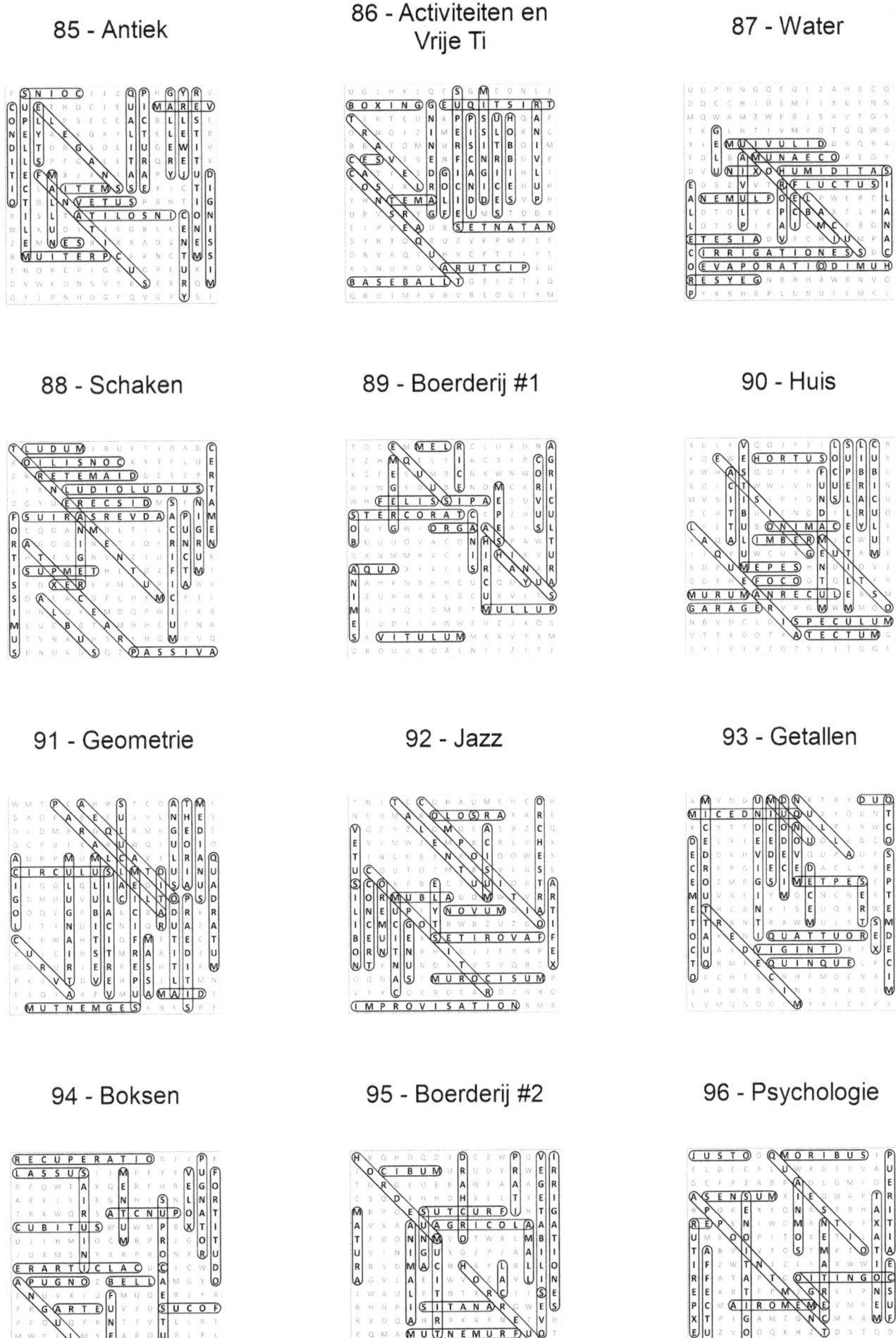

85 - Antiek

86 - Activiteiten en Vrije Ti

87 - Water

88 - Schaken

89 - Boerderij #1

90 - Huis

91 - Geometrie

92 - Jazz

93 - Getallen

94 - Boksen

95 - Boerderij #2

96 - Psychologie

97 - Zakelijk

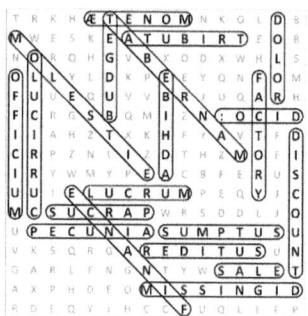

98 - Voeding

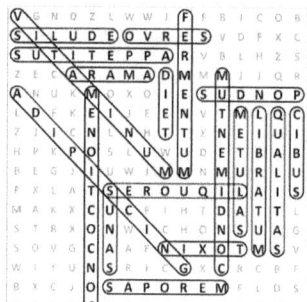

99 - Chemie

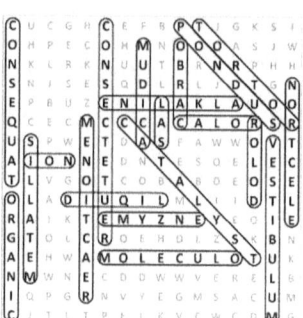

Woordenboek

1 Jaar Geleden
Virtutes #1

Artistiek	Artis
Behulpzaam	Benevolens
Bescheiden	Modestus
Beslissend	Decretorium
Betrouwbaar	Certa
Charmant	Venustus
Efficiënt	Efficiens
Gepassioneerd	Iracundus
Goed	Bonum
Gul	Liberalis
Intelligent	Intelligens
Nieuwsgierig	Curiosus
Onafhankelijk	Independens
Patiënt	Patiens
Praktisch	Practica
Schoon	Mundus
Wijs	Sapiens
Zelfverzekerd	Confidit

Activiteiten
Operationes

Activiteit	Actio
Ambachten	Artes
Belangen	Commodis
Breien	Knitting
Fotografie	Consequat
Games	Ludos
Hengelsport	Piscandi
Jacht	Venatione
Kamperen	Castra
Kunst	Es
Lezen	Lectio
Magie	Magia
Naaien	Sutura
Plezier	Voluptatem
Schilderij	Pictura
Tuinieren	Gardening
Vaardigheid	Arte
Vrije Tijd	Otium

Activiteiten en Vrije Ti
Operationes et Otium

Basketbal	Ultrices
Boksen	Boxing
Duiken	Consequat
Golf	Golf
Hengelsport	Piscandi
Hobby	Hobbies
Honkbal	Baseball
Kamperen	Castra
Kunst	Es
Ontspannen	Amet
Reis	Travel
Schilderij	Pictura
Surfen	Superficies
Tennis	Tristique
Tuinieren	Gardening
Voetbal	Dignissim
Volleybal	Pulvinar
Zwemmen	Natantes

Agronomie
Agronomy

Duurzaam	Nullam
Ecologie	Oecologia
Energie	Vestibulum
Erosie	Exesa
Groei	Augmentum
Groente	Legumina
Identificatie	Idem
Landbouw	Agricultura
Landelijk	Rusticus
Mest	Stercorat
Omgeving	Environment
Onderzoek	Research
Organisch	Organic
Productie	Productio
Systemen	Ratio
Vervuiling	Pollutio
Water	Aqua
Wetenschap	Scientia
Zaden	Semina
Ziekten	Morbi

Algebra
Algebra

Aftrekken	Subtraction
Diagram	Diagram
Exponent	Exponent
Factor	Factor
Formule	Formula
Fractie	Fractio
Grafiek	F
Haakje	Parenthesis
Hoeveelheid	Quantitas
Lineair	Linearibus
Matrix	Matrix
Nul	Nulla
Oneindig	Infinita
Oplossing	Solutio
Probleem	Quaestio
Som	Summa
Vals	Falsum
Variabele	Variabilis
Vereenvoudigen	Aliquam
Vergelijking	Aequatio

Antarctica
Antarctica

Baai	Bay
Continent	Continens
Eilanden	Insulae
Expeditie	Expeditione
Geografie	Geographia
Ijs	Ice
Migratie	Migratio
Mineralen	Mineralibus
Omgeving	Environment
Onderzoeker	Inquisitorem
Rotsachtig	Rocky
Schiereiland	Peninsula
Soort	Species
Temperatuur	Tortor
Topografie	Topographia
Vogels	Aves
Walvissen	Cete
Water	Aqua
Wetenschappelijk	Scientific
Wolken	Nubes

Antiek
Antiques

Authentiek	Veram
Decoratief	Nullam
Eeuw	Century
Elegant	Elegans
Galerij	Gallery
Investering	Dignissim
Item	Item
Kunst	Es
Kwaliteit	Qualitas
Liefhebber	Fanaticus
Meubilair	Supellectilem
Munten	Coins
Ongewoon	Insolita
Oud	Vetus
Prijs	Pretium
Restauratie	Restitutionem
Schilderijen	Picturae
Sieraden	Jewelry
Stijl	Style
Voorwaarde	Conditio

Archeologie
Antiquitatis

Analyse	Analysis
Beschaving	Cultu
Bevindingen	Inventiones
Botten	Ossa
Deskundige	Peritus
Evaluatie	Aestimatio
Fossiel	Fossile
Fragmenten	Fragmenta
Graf	Monumentum
Mysterie	Mysterium
Nakomeling	Successio
Objecten	Obiecta
Onbekend	Ignotum
Onderzoeker	Inquisitorem
Oudheid	Antiquitatis
Professor	Professor
Relikwie	Reliquia
Team	Dolor
Tempel	Templum
Vergeten	Oblitus

Astronomie
Astronomia

Aarde	Terra
Asteroïde	Asteroidem
Astronaut	Astronaut
Astronoom	Astrologus
Equinox	Aequinoctium
Komeet	Cometa
Kosmos	Cosmos
Maan	Luna
Meteoor	Meteoron
Nevel	Nebula
Observatorium	Observatorium
Planeet	Planeta
Raket	Eruca
Satelliet	Satelles
Ster	Stella
Sterrenbeeld	Sidus
Straling	Radialis
Telescoop	Telescopium
Universum	Universi
Zwaartekracht	Gravitatis

Avontuur
Casus

Activiteit	Actio
Enthousiasme	Studium
Excursie	Peregrinandum
Gevaarlijk	Periculosum
Kans	Forte
Moed	Virtute
Moeilijkheid	Difficultas
Natuur	Natura
Navigatie	Navigationem
Nieuw	Novum
Ongewoon	Insolita
Reisplan	Itinerarium
Schoonheid	Pulchritudo
Veiligheid	Salutem
Verrassend	Mirum
Voorbereiding	Praeparatio
Vreugde	Gaudium
Vrienden	Amicis

Ballet
Talarium

Artistiek	Artis
Choreografie	Choreography
Componist	Compositor
Dansers	Saltatores
Expressief	Expressivum
Gebaar	Gestu
Intensiteit	Intensionem
Lessen	Lectiones
Muziek	Musica
Orkest	Orchestra
Praktijk	Usu
Publiek	Auditores
Repetitie	Recensendum
Ritme	Numero
Sierlijk	Decorum
Solo	Solo
Spieren	Musculi
Stijl	Style
Techniek	Ars
Vaardigheid	Arte

Barbecues
Barbecues

Diner	Prandium
Familie	Familia
Fruit	Fructus
Grill	Craticulam
Groente	Legumina
Heet	Calidum
Honger	Fames
Kinderen	Filii
Kip	Pullum
Muziek	Musica
Peper	Piper
Salades	Potenti
Saus	Condimentum
Tomaten	Tomatoes
Uien	Cepe
Voedsel	Cibum
Vorken	Tridentes
Vrienden	Amicis
Zomer	Aestate
Zout	Sal

Beeldende Kunsten
Artibus

Architectuur	Architectura
Artiest	Artifex
Creativiteit	Glossarium
Ezel	Otium
Film	Duis
Foto	Photograph
Houtskool	Carbones
Klei	Lutum
Krijt	Creta
Meesterwerk	Palmarius
Pen	Pen
Perspectief	Prospectum
Portret	Effigies
Potlood	Graphium
Samenstelling	Compositio
Schilderij	Pictura
Stencil	Stencil
Was	Cera

Behoud
Conservationem

Chemicaliën	Chemicals
Duurzaam	Nullam
Ecosysteem	Ecosystem
Fiets	Cursus
Gezondheid	Salutem
Groen	Viridis
Habitat	Habitat
Klimaat	Caeli
Milieu	Aliquam
Natuurlijk	Naturalis
Onderwijs	Education
Organisch	Organic
Pesticide	Pesticide
Veranderingen	Mutationes
Verminderen	Reducere
Vervuiling	Pollutio
Water	Aqua
Zorg	Cura

Beroepen #1
Professionibus #1

Advocaat	Attornatum
Ambassadeur	Legatus
Apotheker	Pharmacist
Astronoom	Astrologus
Atleet	Athleta
Bankier	Remi
Cartograaf	Cartographer
Danser	Saltator
Dierenarts	Veterinarius
Dokter	Medicus
Editor	Editor
Geoloog	Geologist
Jager	Venator
Juwelier	Jeweler
Loodgieter	Plumbarius
Muzikant	Musicus
Pianist	The
Psycholoog	Psychologist
Verpleegster	Nutrix
Wetenschapper	Scientist

Beroepen #2
Professionibus #2

Arts	Medicus
Astronaut	Astronaut
Bioloog	Biologist
Boer	Agricola
Detective	Inquisitor
Filosoof	Philosophus
Fotograaf	Pretium
Illustrator	Illustrrator
Ingenieur	Engineer
Journalist	Wisi
Leraar	Magister
Linguïst	Linguist
Onderzoeker	Inquisitorem
Piloot	Gubernator
Schilder	Pictor
Tandarts	Dentist
Tuinman	Hortulanus
Uitgever	Publisher
Uitvinder	Inventor
Zoöloog	Zoologist

Bijen
Apes

Bestuiver	Pollinator
Bijenkorf	Alveo
Bloemen	Flores
Bloesem	Florebit
Diversiteit	Diversitas
Ecosysteem	Ecosystem
Fruit	Fructus
Habitat	Habitat
Honing	Mel
Insect	Insect
Koningin	Regina
Rook	Fumus
Stuifmeel	Pollen
Tuin	Hortus
Vleugels	Alis
Voedsel	Cibum
Voordelig	Utile
Was	Cera
Zon	Sol
Zwerm	Miscentur

Bijvoeglijke Naamwoorden
Adiectiva #1

Aantrekkelijk	Nibh
Actief	Activa
Ambitieus	Ambitiosa
Aromatisch	Aromaticum
Artistiek	Artis
Belangrijk	Maximus
Diep	Altum
Donker	Tenebris
Dun	Tenuis
Eerlijk	Amet
Exotisch	Exotic
Identiek	Idem
Jong	Iuvenes
Lang	Diu
Langzaam	Tardus
Modern	Modern
Onschuldig	Innocens
Perfect	Perfectum
Waardevol	Pretiosum
Zwaar	Gravis

Bijvoeglijke Naamwoorden
Adiectiva #2

Authentiek	Veram
Begaafd	Donatus
Beschrijvend	Descriptive
Creatief	Creatrix
Dramatisch	Tragicus
Gezond	Sanus
Hongerig	Esurientes
Interessant	Commodo
Moe	Lassus
Natuurlijk	Naturalis
Nieuw	Novum
Normaal	Duis
Productief	Fructuosa
Slaperig	Somnolentus
Sterk	Fortis
Trots	Superbus
Verantwoordelijk	Amet
Wild	Fera
Zout	Salsa
Zuiver	Purus

Biologie
Biology

Anatomie	Anatomia
Bacteriën	Bacteria
Cel	Cell
Chromosoom	Chromosome
Collageen	Collagen
Eiwit	Dapibus
Embryo	Embryo
Enzym	Enzyme
Evolutie	Praegressus
Hormoon	Hormone
Mutatie	Mutationis
Natuurlijk	Naturalis
Neuron	Neuron
Osmose	Osmosis
Reptiel	Reptile
Soort	Species
Symbiose	Symbiosis
Synaps	Synapse
Zenuw	Nervus
Zoogdier	Mammal

Bloemen
Flores

Bloemblad	Petalorum
Boeket	Flos
Gardenia	Gardenia
Hibiscus	Hibisco
Jasmijn	Aenean
Klaver	Trifolium
Lavendel	Casia
Lelie	Lilium
Madeliefje	Daisy
Magnolia	Magnolia
Narcis	Narcissus
Orchidee	Orchid
Paardebloem	Taraxacum
Papaver	Papaver
Passiebloem	Passionflower
Pioenroos	Aglaophotis
Plumeria	Plumeria
Roos	Rosa
Tulp	Tulipa
Zonnebloem	Helianthus

Boeken
Books

Auteur	Auctor
Avontuur	Casus
Bladzijde	Page
Collectie	Collectio
Context	Context
Dualiteit	Dualitatem
Gedicht	Carmen
Geschreven	Scriptum
Historisch	Historica
Humoristisch	Hujusmodi
Inventief	Ingeniosus
Karakter	Moribus
Lezer	Lector
Literair	Litterarum
Poëzie	Carmina
Relevant	Pertinet
Roman	Nove
Serie	Series
Tragisch	Tragici
Verhaal	Fabula

Boerderij #1
Farm #1

Bij	Apis
Ezel	Asinus
Geit	Hircum
Hek	Sepem
Hond	Canis
Honing	Mel
Hooi	Hay
Kalf	Vitulum
Kat	Felis
Kip	Pullum
Koe	Bos
Kraai	Corvus
Kudde	Gregem
Landbouw	Agricultura
Mest	Stercorat
Paard	Equus
Rijst	Rice
Veld	Agro
Water	Aqua
Zaden	Semina

Boerderij #2
Farm #2

Boer	Agricola
Boomgaard	Orchard
Dieren	Animalia
Eend	Anatis
Fruit	Fructus
Gerst	Hordeum
Groente	Vegetabilis
Irrigatie	Irrigationes
Lam	Agnus
Lama	Llama
Maïs	Frumentum
Melk	Lac
Rijp	Matura
Schaap	Oves
Schuur	Horreum
Tarwe	Triticum
Tractor	Tractor
Voedsel	Cibum
Weide	Prati
Windmolen	Windmill

Boksen
Boxing

Elleboog	Cubitus
Focus	Focus
Handschoenen	Caestus
Herstel	Recuperatio
Hoek	Angulo
Kin	Mentum
Klok	Bell
Kracht	Fortitudo
Lichaam	Corpus
Punten	Puncta
Scheidsrechter	Referendarius
Schoppen	Calcitrare
Snel	Velox
Tegenstander	Adversarius
Touwen	Funes
Uitgeput	Lassus
Vaardigheid	Arte
Vechter	Pugnator
Verwondingen	Iniurias
Vuist	Pugno

Boten
Navibus

Anker	Anchor
Bemanning	Cantavit
Boei	Sustineo
Dok	Gregem
Golven	Fluctus
Jacht	Yacht
Kajak	Kayak
Kano	Linter
Matroos	Nauta
Meer	Lacus
Motor	Engine
Nautisch	Nauticis
Oceaan	Oceanum
Rivier	Flumen
Tij	Aestus
Touw	Funem
Veerboot	Porttitor
Vlot	Ratis
Zee	Mare
Zeilboot	Navis

Camping
Castra

Avontuur	Casus
Berg	Montem
Bomen	Arbores
Bos	Silva
Brand	Ignis
Cabine	Cameram
Dieren	Animalia
Hangmat	Hammock
Hoed	Hat
Insect	Insect
Jacht	Venatione
Kaart	Map
Kano	Linter
Kompas	Decima
Lantaarn	Cornu
Maan	Luna
Meer	Lacus
Natuur	Natura
Tent	Tabernaculum
Touw	Funem

Chemie
Chemia

Alkalisch	Alkaline
Chloor	Consequat
Elektron	Electron
Enzym	Enzyme
Gas	Vestibulum
Gewicht	Pondus
Ion	Ion
Katalysator	Catalyst
Koolstof	Carbo
Metalen	Metallis
Molecuul	Moleculo
Organisch	Organic
Reactie	Reactionem
Temperatuur	Tortor
Vloeistof	Liquid
Warmte	Calor
Waterstof	Consectetuer
Zout	Sal
Zuur	Acidum
Zuurstof	Dolor

Creativiteit
Glossarium

Artistiek	Artis
Beeld	Imago
Dramatisch	Tragicus
Emoties	Affectus
Gevoel	Sensum
Helderheid	Claritas
Indruk	Impressionem
Inspiratie	Inspiratio
Intensiteit	Intensionem
Intuïtie	Intuitum
Inventief	Ingeniosus
Spontaan	Spontanea
Uitdrukking	Expressio
Vaardigheid	Arte
Verbeelding	Imaginatio
Visioenen	Visiones
Vitaliteit	Vitale
Vloeibaarheid	Fluiditatem

Dagen en Maanden
Diebus et Mensibus

Augustus	August
Dinsdag	Martis
Donderdag	Jovis
Februari	February
Jaar	Anno
Januari	January
Juli	July
Juni	June
Kalender	Calendar
Maand	Mense
Maandag	Monday
Maart	Martii
November	November
Oktober	Aliquam
September	September
Vrijdag	Veneris
Week	Septimana
Woensdag	Wednesday
Zaterdag	Saturday
Zondag	Dominica

Dans
Chorus

Academie	Academiae
Beweging	Motus
Blij	Laeta
Choreografie	Choreography
Cultureel	Culturae
Cultuur	Cultura
Emotie	Affectus
Expressief	Expressivum
Genade	Gratia
Houding	Staturam
Klassiek	Classical
Kunst	Es
Lichaam	Corpus
Muziek	Musica
Partner	Socium
Repetitie	Recensendum
Ritme	Numero
Traditioneel	Traditum
Visueel	Visual

De Media
Media

Advertenties	Tabulae
Communicatie	Communicatio
Digitaal	Digital
Editie	Edition
Financiering	Sumptu
Foto'S	Imagines
Houding	Habitus
Individueel	Singulis
Industrie	Industria
Kranten	Ephemerides
Lokaal	Loci
Mening	Sententia
Netwerk	Network
Onderwijs	Education
Online	Online
Publiek	Publica
Radio	Radio
Tijdschriften	Divulgationis

Diplomatie
Condicionibus

Adviseur	Auctor
Ambassade	Legationem
Ambassadeur	Legatus
Burgers	Cives
Conflict	Certamen
Diplomatiek	Diplomaticae
Discussie	Disputationem
Ethiek	Ethicorum
Gemeenschap	Communitas
Gerechtigheid	Iustitia
Humanitair	Humanitarian
Integriteit	Integritate
Oplossing	Solutio
Politiek	Politica
Regering	Imperium
Resolutie	Resolutio
Samenwerking	Cooperatio
Talen	Linguis
Veiligheid	Securitatem
Verdrag	Tractatus

Ecologie
Oecologia

Bergen	Montes
Diversiteit	Diversitas
Droogte	Siccitate
Duurzaam	Nullam
Flora	Flora
Gemeenschappen	Communitates
Habitat	Habitat
Klimaat	Caeli
Marinier	Marine
Moeras	Paludem
Natuur	Natura
Natuurlijk	Naturalis
Overleving	Salutem
Planten	Plantis
Soort	Species
Variëteit	Varietate
Vegetatie	Virentia
Vrijwilligers	Voluntariis

Energie
Vestibulum

Accu	Pugna
Benzine	Gasoline
Brandstof	Esca
Diesel	Pellentesque
Elektrisch	Ultrices
Elektron	Electron
Entropie	Entropy
Foton	Photon
Hernieuwbaar	Renewable
Industrie	Industria
Koolstof	Carbo
Motor	Motor
Nucleair	Nuclear
Omgeving	Environment
Stoom	Vapor
Turbine	Turbine
Vervuiling	Pollutio
Warmte	Calor
Waterstof	Consectetuer
Wind	Ventus

Engineering
Lorem Ipsum

As	Axis
Berekening	Calculus
Beweging	Motus
Bouw	Constructione
Diagram	Diagram
Diameter	Diam
Diepte	Profundum
Diesel	Pellentesque
Dimensies	Dimensiones
Distributie	Distributio
Energie	Vestibulum
Hoek	Angulus
Kracht	Fortitudo
Machine	Apparatus
Meting	Aliquam
Motor	Motor
Stabiliteit	Stabilitatem
Structuur	Structura
Vloeistof	Liquid
Voortstuwing	Propellentem

Eten #1
Cibum #1

Aardbei	Fragum
Abrikoos	Persicum
Basilicum	Basilius
Citroen	Lemon
Gerst	Hordeum
Knoflook	Allium
Koffie	Capulus
Melk	Lac
Peer	Pirum
Pinda	Eros
Salade	Sem
Sap	Sucus
Soep	Elit
Spinazie	Spinach
Suiker	Sugar
Tonijn	Tuna
Ui	Cepa
Vlees	Cibum
Wortel	Daucus
Zout	Sal

Eten #2
Cibum #2

Amandel	Vigilantem
Ananas	Pineapple
Appel	Apple
Asperge	Asparagus
Aubergine	Eggplant
Broccoli	Algentem
Brood	Panem
Chocolade	Scelerisque
Druif	Uva
Ei	Ovum
Framboos	Rubus Idaeus
Ham	Ham
Kaas	Caseus
Kip	Pullum
Kiwi	Kiwi
Perzik	Persicum
Rijst	Rice
Tarwe	Triticum
Vis	Pisces
Yoghurt	Yogurt

Ethiek
Ethicorum

Altruïsme	Altruism
Diplomatiek	Diplomaticae
Eerbiedig	Reverentior
Eerlijkheid	Honestatis
Filosofie	Philosophia
Geduld	Patientia
Individualisme	Quisque
Integriteit	Integritate
Mededogen	Misericordia
Mensheid	Humanitatis
Optimisme	Spe
Realisme	Realismus
Redelijk	Rationabile
Samenwerking	Cooperatio
Tolerantie	Tolerantia
Vriendelijkheid	Misericordiam
Waarden	Bona
Waardigheid	Dignitatem
Wijsheid	Sapientia

Familie
Familia

Broer	Frater
Dochter	Filia
Grootmoeder	Avia
Jeugd	Pueritia
Kind	Puer
Kinderen	Filii
Kleinkind	Nepotem
Man	Vir
Moeder	Mater
Neef	Nepos
Nicht	Neptis
Oom	Patruus
Opa	Avus
Tante	Matertera
Tweeling	Gemini
Vader	Pater
Vaderlijk	Paterni
Voorouder	Ancestor
Vrouw	Uxor
Zus	Soror

Fruit
Fructus

Ananas	Pineapple
Appel	Apple
Avocado	Avocado
Bes	Berry
Citroen	Lemon
Druif	Uva
Framboos	Rubus Idaeus
Granaatappel	Malogranatum
Kers	Cerasus
Kiwi	Kiwi
Kokosnoot	Dolor
Mango	Mango
Meloen	Cucumis
Nectarine	Nectarine
Oranje	Rhoncus
Papaja	Papaya
Peer	Pirum
Perzik	Persicum
Pruim	Pruno
Vijg	Ficus

Gebouwen
Aedificia

Ambassade	Legationem
Appartement	Duis
Boerderij	Farm
Cabine	Cameram
Fabriek	Factory
Garage	Garage
Hotel	Hotel
Kasteel	Castrum
Laboratorium	Nulla
Museum	Museum
Observatorium	Observatorium
School	Schola
Schuur	Horreum
Stadion	Stadium
Supermarkt	Forum
Tent	Tabernaculum
Theater	Theatrum
Toren	Turris
Universiteit	University
Ziekenhuis	Hospitalis

Geografie
Geographia

Atlas	Atlas
Berg	Montem
Breedtegraad	Latitudo
Continent	Continens
Eiland	Insula
Halfrond	Hemisphaerio
Hoogte	Altitudo
Kaart	Map
Land	Patria
Lengtegraad	Longitudinis
Meridiaan	Meridianus
Noorden	North
Oceaan	Oceanum
Regio	Regione
Rivier	Flumen
Stad	Urbem
Wereld	Mundi
Westen	West
Zee	Mare
Zuiden	Meridiem

Geologie
Nederlandicae

Aardbeving	Terraemotus
Calcium	Calcium
Continent	Continens
Erosie	Exesa
Fossiel	Fossile
Geiser	Geyser
Gesmolten	Fusile
Grot	Specus
Koraal	Coral
Kristallen	Crystals
Kwarts	Quartz
Laag	Accumsan
Lava	Lava
Plateau	Plateau
Stalactiet	Stalactite
Steen	Stone
Vulkaan	Volcano
Zone	Mauris
Zout	Sal
Zuur	Acidum

Geometrie
Geometria

Berekening	Calculus
Cirkel	Circulus
Curve	Curva
Diameter	Diam
Dimensie	Ratio
Driehoek	Triangulum
Hoek	Angulus
Hoogte	Altitudo
Horizontaal	Vestibulum
Logica	Logica
Massa	Massa
Mediaan	Medianus
Oppervlak	Superficiem
Parallel	Parallela
Segment	Segmentum
Symmetrie	Praeditis
Theorie	Theoria
Vergelijking	Aequatio
Verticaal	Verticalis
Vierkant	Quadratum

Getallen
Numeri

Acht	Octo
Achttien	Decem et Octo
Dertien	Tredecim
Drie	Tres
Een	Unum
Negen	Novem
Negentien	Undeviginti
Nul	Nulla
Tien	Decem
Twaalf	Duodecim
Twee	Duo
Twintig	Viginti
Veertien	Quattuordecim
Vier	Quattuor
Vijf	Quinque
Vijftien	Quindecim
Zes	Sex
Zestien	Sedecim
Zeven	Septem
Zeventien	Septemdecim

Gezondheid en Welzijn #1
Salutem et Sanitatem #1

Actief	Activa
Apotheek	Atqui
Bacteriën	Bacteria
Behandeling	Curatio
Breuk	Fractura
Dokter	Medicus
Gewoonte	Habitus
Honger	Fames
Hoogte	Altitudo
Hormonen	Hormones
Huid	Cutis
Kliniek	Eget
Letsel	Iniuriam
Medicijn	Medicina
Ontspanning	Consequat
Reflex	Reflexum
Spieren	Musculi
Therapie	Justo
Virus	Virus
Zenuwen	Norvio

Gezondheid en Welzijn #2
Salutem et Sanitatem #2

Allergie	Urna
Anatomie	Anatomia
Bloed	Sanguinem
Calorie	Calorie
Dieet	Diet
Energie	Vestibulum
Genetica	Genetics
Gewicht	Pondus
Gezond	Sanus
Herstel	Recuperatio
Hygiëne	Hygiene
Infectie	Infectio
Kracht	Fortitudo
Lichaam	Corpus
Massage	Suspendisse
Spijsvertering	Concoctionem
Vitamine	Vitaminum
Voeding	Nutritionem
Ziekenhuis	Hospitalis
Ziekte	Morbi

Groenten
Legumina

Artisjok	Cactus
Aubergine	Eggplant
Bloemkool	Brassica
Broccoli	Algentem
Erwt	Pisum
Gember	Gingiber
Knoflook	Allium
Komkommer	Cucumis
Olijf	Olivae
Paddestoel	Fungorum
Peterselie	Petroselinum
Pompoen	Cucurbita
Raap	Rapa
Radijs	Radicula
Salade	Sem
Selderij	Apium
Sjalot	Shallot
Spinazie	Spinach
Ui	Cepa
Wortel	Daucus

Haartypes
Genera Capillos

Blond	Flavis
Bruin	Brown
Dik	Crassus
Droog	Siccum
Dun	Tenuis
Gekleurd	Coloratum
Gevlochten	Tortis
Gezond	Sanus
Glad	Lenis
Glimmend	Crus
Grijs	Gray
Kaal	Calvus
Kort	Denique
Krullen	Cincinnis
Krullend	Crispus
Lang	Diu
Wit	Albus
Zacht	Mollis
Zilver	Argentum
Zwart	Nigrum

Herbalisme
Herbalism

Aromatisch	Aromaticum
Basilicum	Basilius
Bloem	Flos
Culinair	Culinary
Dille	Anethum
Dragon	Tarragon
Groen	Viridis
Ingrediënt	Ingrediens
Knoflook	Allium
Kwaliteit	Qualitas
Lavendel	Casia
Marjolein	Origani
Oregano	Origanum
Peterselie	Petroselinum
Rozemarijn	Rosmarinus
Saffraan	Crocus
Smaak	Saporem
Tijm	Thymum
Tuin	Hortus
Venkel	Faeniculi

Huis
Domus

Bezem	Genistae
Bibliotheek	Library
Dak	Tectum
Deur	Ostium
Douche	Imber
Garage	Garage
Haard	Foco
Hek	Sepem
Kamer	Locus
Kelder	Fundamentum
Keuken	Vestibulum
Lamp	Lucerna
Meubilair	Supellectilem
Muur	Murum
Plafond	Laquearia
Schoorsteen	Camino
Slaapkamer	Cubiculum
Spiegel	Speculum
Tuin	Hortus
Zolder	Attica

Installaties
Plantis

Bamboe	Bamboo
Bes	Berry
Blad	Folium
Bloem	Flos
Bloesem	Florebit
Boom	Arbor
Boon	Bean
Bos	Silva
Cactus	Cactus
Flora	Flora
Gebladerte	Fronde
Gras	Herba
Klimop	Hedera
Mest	Stercorat
Mos	Muscus
Plantkunde	Botanicam
Struik	Bush
Tuin	Hortus
Vegetatie	Virentia
Wortel	Radix

Jazz
Jazz

Album	Album
Artiest	Artifex
Beroemd	Nobilis
Componist	Compositor
Concert	Concert
Favorieten	Favorites
Genre	Genus
Improvisatie	Improvisation
Lied	Canticum
Musici	Musicorum
Muziek	Musica
Nieuw	Novum
Orkest	Orchestra
Oud	Vetus
Ritme	Numero
Samenstelling	Compositio
Solo	Solo
Stijl	Style
Talent	Talentum
Techniek	Ars

Kleding
Vestimenta

Armband	Armillam
Blouse	Blouse
Broek	Braccae
Handschoenen	Caestus
Hoed	Hat
Jas	Coat
Jasje	Jacket
Jurk	Habitu
Ketting	Monile
Mode	More
Pyjama	Pajamas
Riem	Cingulum
Rok	Lacinia
Sandalen	Sandalia
Schoen	Nulla Nec
Shirt	Shirt
Sieraden	Jewelry
Sjaal	Chlamydem
Sokken	Tibialia
Trui	Sweater

Kracht en Zwaartekracht
Vim et Gravitatem

Afstand	Procul
As	Axis
Baan	Orbita
Beweging	Motus
Centrum	Centrum
Druk	Curabitur
Dynamisch	Suscipit
Eigendommen	Proprietates
Gewicht	Pondus
Impact	Ictum
Magnetisme	Magnetismi
Mechanica	Mechanica
Natuurkunde	Physica
Omvang	Magnitudo
Ontdekking	Inventio
Planeten	Planetarum
Snelheid	Celeritate
Tijd	Tempus
Uitbreiding	Dilatatio
Universeel	Universalis

Kunstbenodigdheden
Artis Commeatibus

Acryl	Donec
Aquarellen	Watercolors
Borstels	Perterget
Camera	Camera
Creativiteit	Glossarium
Ezel	Otium
Gom	Deleo
Houtskool	Carbones
Inkt	Atramentum
Klei	Lutum
Kleuren	Colores
Lijm	Gluten
Olie	Oleum
Papier	Charta
Potloden	Penicilli
Stoel	Cathedra
Tafel	Mensam
Water	Aqua

Landen #1
Regionibus #1

België	Belgium
Brazilië	Brazil
Cambodja	Cambodia
Canada	Canada
Chili	Chilia
Duitsland	Germania
Egypte	Aegypto
Irak	Iraq
Israël	Israhel
Italië	Italia
Letland	Latvia
Libië	Libya
Marokko	Mauritania
Nicaragua	Nicaragua
Noorwegen	Norway
Panama	Panama
Polen	Polonia
Roemenië	Romania
Senegal	Senegalia
Spanje	Hispania

Landen #2
Regionibus #2

Denemarken	Daniae
Ethiopië	Aethiopia
Frankrijk	Gallia
Griekenland	Graecia
Ierland	Hibernia
Indonesië	Indonesia
Japan	Japan
Kenia	Kenya
Laos	Laos
Libanon	Libanus
Liberia	Liberia
Maleisië	Elit
Mexico	Mexico
Nepal	Nepal
Nigeria	Nigeria
Oeganda	Uganda
Oekraïne	Ucraina
Rusland	Russia
Somalië	Somalia
Syrië	Syria

Landschappen
Donec

Berg	Montem
Eiland	Insula
Geiser	Geyser
Gletsjer	Glacier
Grot	Cave
Heuvel	Hill
IJsberg	Iceberg
Meer	Lacus
Moeras	Palus
Oase	Oasis
Oceaan	Oceanum
Rivier	Flumen
Schiereiland	Peninsula
Strand	Beach
Toendra	Tundra
Vallei	Convallis
Vulkaan	Volcano
Waterval	Cataracta
Woestijn	Deserto
Zee	Mare

Literatuur
Litteris

Analogie	Similitudo
Analyse	Analysis
Anekdote	Fabella
Auteur	Auctor
Biografie	Vita
Conclusie	Conclusio
Dialoog	Dialogus
Fictie	Ficta
Gedicht	Carmen
Mening	Sententia
Metafoor	Metaphora
Omschrijving	Description
Poëtisch	Poetica
Rijm	Concordare
Ritme	Numero
Roman	Nove
Stijl	Style
Thema	Argumentum
Tragedie	Tragoedia
Vergelijking	Comparatione

Meditatie
Meditatio

Aandacht	Operam
Aanvaarding	Acceptio
Ademhaling	Spirans
Beweging	Motus
Dankbaarheid	Gratia
Emoties	Affectus
Gedachten	Cogitationes
Geluk	Felicitas
Helderheid	Claritas
Houding	Staturam
Kalm	Tranquillitas
Mededogen	Misericordia
Mentaal	Mentis
Muziek	Musica
Natuur	Natura
Observatie	Observatione
Perspectief	Prospectum
Stilte	Silentium
Vrede	Pacem
Vriendelijkheid	Misericordiam

Meer Informatie
Scientia Ficta

Atoom	Atomicus
Brand	Ignis
Chemicaliën	Chemicals
Denkbeeldig	Imaginaria
Dystopie	Dystopia
Explosie	Crepitus
Extreem	Extrema
Fantastisch	Suspendisse
Futuristisch	Futuristic
Illusie	Illusio
Mysterieus	Arcanum
Orakel	Oraculum
Planeet	Planeta
Romans	Conscripserit
Sterrenstelsel	Galaxia
Technologie	Nulla
Utopie	Utopia
Ver	Distant
Wereld	Mundi

Menselijk Lichaam
Corpus Humanum

Been	Crus
Bloed	Sanguinem
Elleboog	Cubitus
Enkel	Tarso
Hand	Manu
Hart	Cor
Hersenen	Cerebrum
Hoofd	Caput
Huid	Cutis
Kaak	Maxilla
Kin	Mentum
Knie	Genu
Maag	Stomachum
Mond	Ore
Nek	Collum
Neus	Naribus
Oor	Auris
Schouder	Humerum
Tong	Lingua
Vinger	Digitus

Metingen
Mensurae

Breedte	Latitudo
Byte	Byte
Centimeter	Centimeter
Decimaal	Decimales
Diepte	Profundum
Gewicht	Pondus
Graad	Gradus
Gram	Gram
Hoogte	Altitudo
Inch	Inch
Kilogram	Kilogram
Kilometer	Kilometer
Lengte	Longitudo
Liter	Liter
Massa	Massa
Meter	Metri
Minuut	Minutis
Ons	Unciam
Pint	Sextarium
Ton	Ton

Muziek
Musica

Album	Album
Ballade	Naenia
Harmonie	Concordia
Harmonisch	Harmonia
Improviseren	Vestibulum
Instrument	Instrumentum
Klassiek	Classical
Koor	Chorus
Lyrisch	Lyrical
Melodie	Cantate
Microfoon	Ligula
Muzikaal	Musicum
Muzikant	Musicus
Opera	Opera
Opname	Recording
Poëtisch	Poetica
Ritme	Numero
Ritmisch	Numerosa
Vocaal	Vocalis
Zanger	Cantor

Muziekinstrumenten
Organis

Banjo	Banjo
Cello	Cello
Fagot	Bassoon
Fluit	Tibia
Gitaar	Cithara
Gong	Gong
Hobo	Sonata
Klarinet	Tibiae
Klokkenspel	Pleni
Mandoline	Mandolin
Mondharmonica	Harmonica
Percussie	Percussus
Piano	Piano
Saxofoon	Saxophone
Tamboerijn	Tympanum
Trombone	Trombone
Trompet	Tuba
Viool	Vitae

Mythologie
Fabularis

Archetype	Archetypum
Bliksem	Fulgur
Cultuur	Cultura
Donder	Tonitrua
Doolhof	Labyrinthus
Gedrag	Moribus
Held	Heros
Hemel	Caelum
Jaloezie	Zelus
Kracht	Fortitudo
Krijger	Bellator
Legende	Legend
Magisch	Magicalis
Monster	Monstrum
Overtuigingen	Opiniones
Ramp	Cladis
Sterfelijk	Mortale
Triomfantelijk	Triumphantes
Wezen	Creatura
Wraak	Vindictam

Natuur
Natura

Arctisch	Arctic
Bergen	Montes
Bijen	Apes
Bos	Silva
Dieren	Animalia
Dynamisch	Suscipit
Erosie	Exesa
Gebladerte	Fronde
Gletsjer	Glacier
Heiligdom	Sanctuarium
Klippen	Rupes
Mist	Caligo
Rivier	Flumen
Schoonheid	Pulchritudo
Sereen	Serena
Tropisch	Tropical
Vitaal	Vitalis
Wild	Fera
Woestijn	Deserto
Wolken	Nubes

Natuurkunde
Physica

Atoom	Atom
Chaos	Chaos
Chemisch	Eget
Deeltje	Particula
Dichtheid	Densitas
Elektron	Electron
Experiment	Experimentum
Formule	Formula
Frequentie	Frequency
Gas	Vestibulum
Magnetisme	Magnetismi
Massa	Massa
Mechanica	Mechanica
Molecuul	Moleculo
Motor	Engine
Relativiteit	Comparatione
Snelheid	Velocitas
Universeel	Universalis
Versnelling	Acceleratio
Zwaartekracht	Gravitatis

Oceaan
Oceanum

Aal	Anguilla
Boot	Navi
Dolfijn	Delphini
Garnaal	Squilla
Getijden	Aestus
Golven	Fluctus
Haai	Shark
Koraal	Coral
Krab	Cancer
Kwal	Jellyfish
Octopus	Polypus
Oester	Ostrea
Rif	Reef
Schildpad	Turtur
Spons	Spongia
Storm	Tempestas
Tonijn	Tuna
Vis	Pisces
Walvis	Balena
Zout	Sal

Opwarming van de Aarde
Global Calefacientem

Aandacht	Operam
Arctisch	Arctic
Crisis	Discrimen
Energie	Vestibulum
Gegevens	Data
Generaties	Generationes
Gevolgen	Consequatur
Industrie	Industria
Internationaal	International
Klimaat	Caeli
Mensen	Homines
Milieu	Aliquam
Nu	Nunc
Ontwikkeling	Consequat
Regering	Imperium
Temperaturen	Temperaturis
Toekomst	Futurum
Veranderingen	Mutationes
Wetenschapper	Scientist
Wetgeving	Leges

Overheid
Imperium

Burgerschap	Ciuitatem
Civiel	Civilis
Democratie	Democratia
Discussie	Disputationem
Gelijkheid	Aequalitas
Gerechtelijk	Iudicialis
Gerechtigheid	Iustitia
Grondwet	Constitutio
Leider	Dux
Monument	Monumentum
Natie	Gens
Politiek	Politica
Rechten	Iura
Rustig	Pacis
Staat	Status
Symbool	Signum
Toespraak	Oratio
Vrijheid	Libertatem
Wet	Lex
Wijk	Nullam

Psychologie
Duis

Afspraak	Appointment
Beoordeling	Taxationem
Bewusteloos	Conscientiam
Cognitie	Cognitio
Conflict	Certamen
Dromen	Somnia
Ego	Ego
Emoties	Affectus
Ervaringen	Experitur
Gedachten	Cogitationes
Gedrag	Moribus
Gevoel	Sensum
Herinneringen	Memoria
Jeugd	Pueritia
Klinisch	Fusce
Onderbewust	Subconscious
Perceptie	Perceptio
Probleem	Quaestio
Realiteit	Re
Therapie	Justo

Regenwoud
Rainforest

Amfibieën	Amphibia
Botanisch	Botanica
Diversiteit	Diversitas
Gemeenschap	Communitas
Insecten	Insecta
Jungle	Truncatis
Klimaat	Caeli
Mos	Muscus
Natuur	Natura
Overleving	Salutem
Respect	Quantum
Restauratie	Restitutionem
Soort	Species
Toevlucht	Refugium
Vogels	Aves
Waardevol	Pretiosum
Wolken	Nubes
Zoogdieren	Nullam

Rijden
Pulsis

Auto	Car
Brandstof	Esca
Garage	Garage
Gas	Vestibulum
Gevaar	Periculum
Kaart	Map
Licentie	Licentia
Motor	Motor
Motorfiets	Motorcycle
Ongeluk	Accidens
Politie	At
Remmen	Dumeta
Snelheid	Celeritate
Straat	Platea
Tunnel	Cuniculum
Veiligheid	Salutem
Verkeer	Aenean
Voetganger	Pedestrem
Vrachtauto	Dolor
Weg	Via

Schaken
Latrunculorum

Diagonaal	Diameter
Kampioen	Fortissimus
Koning	Rex
Koningin	Regina
Leren	Discere
Offer	Sacrificium
Passief	Passiva
Punten	Puncta
Reglement	Praecepta
Spel	Ludum
Speler	Ludio Ludius
Strategie	Consilio
Tegenstander	Adversarius
Tijd	Tempus
Toernooi	Torneamentum
Wedstrijd	Certamen
Wit	Albus
Zwart	Nigrum

Schoonheid
Pulchritudo

Charme	Leporem
Cosmetica	Stibio
Diensten	Officia
Elegant	Elegans
Elegantie	Elegantia
Fotogeniek	Amet
Genade	Gratia
Geur	Odor
Glad	Lenis
Huid	Cutis
Kleur	Color
Krullen	Cincinnis
Lippenstift	Lipstick
Mascara	Convallis
Schaar	Axicia
Shampoo	Shampoo
Spiegel	Speculum
Stilist	Stylist

Specerijen
Aromata

Anijs	Anethum
Bitter	Amara
Chili	Purus
Drop	Liquiritiae
Gember	Gingiber
Kardemom	Amomum
Kerrie	Curry
Knoflook	Allium
Koriander	Coriandri
Nootmuskaat	Nutmeg
Paprika	Paprika
Peper	Piper
Saffraan	Crocus
Smaak	Saporem
Ui	Cepa
Vanille	Vanilla
Venkel	Faeniculi
Zoet	Dulcis
Zout	Sal
Zuur	Acidum

Stad
Oppidum

Apotheek	Atqui
Bakkerij	Pistrinum
Bank	Ripam
Bibliotheek	Library
Bloemist	Florist
Boekhandel	Bookstore
Dierentuin	Exo
Galerij	Gallery
Hotel	Hotel
Kliniek	Eget
Luchthaven	Elit
Museum	Museum
Restaurant	Amet
School	Schola
Stadion	Stadium
Supermarkt	Forum
Theater	Theatrum
Universiteit	University
Winkel	Store

Tijd
Tempus

Dag	Die
Decennium	Decennium
Eeuw	Century
Gisteren	Heri
Jaar	Anno
Jaarlijks	Annua
Kalender	Calendar
Klok	Horologium
Maand	Mense
Middag	Meridies
Minuut	Minutis
Morgen	Cras
Na	Post
Nacht	Nocte
Nu	Nunc
Ochtend	Mane
Toekomst	Futurum
Uur	Hora
Vandaag	Hodie
Week	Septimana

Tuin
Hortus

Bank	Banco
Bloem	Flos
Bodem	Solo
Boom	Arbor
Boomgaard	Orchard
Garage	Garage
Gras	Herba
Hangmat	Hammock
Hark	Sarculum
Hek	Sepem
Onkruid	Zizania
Rotsen	Saxa
Schop	Rutrum
Slang	Hose
Struik	Bush
Terras	Xystum
Trampoline	Trampoline
Tuin	Hortus
Vijver	Eget
Wijnstok	Vitis

Tuinieren
Gardening

Blad	Folium
Bloemen	Floralibus
Bloesem	Florebit
Bodem	Solo
Boeket	Flos
Boomgaard	Orchard
Botanisch	Botanica
Compost	Stercus
Container	Continens
Eetbaar	Edulis
Exotisch	Exotic
Gebladerte	Fronde
Klimaat	Caeli
Seizoensgebonden	Adipiscing
Slang	Hose
Soort	Species
Vocht	Umor
Vuil	Luto
Water	Aqua
Zaden	Semina

Universum
Universi

Asteroïde	Asteroidem
Astronomie	Astronomia
Astronoom	Astrologus
Atmosfeer	Aeris
Baan	Orbita
Breedtegraad	Latitudo
Dierenriem	Zodiac
Duisternis	Tenebrae
Halfrond	Hemisphaerio
Hemel	Caelum
Horizon	Horizon
Kosmisch	Cosmicam
Lengtegraad	Longitudinis
Maan	Luna
Sterrenstelsel	Galaxia
Telescoop	Telescopium
Zichtbaar	Apparet
Zonne	Solaris
Zonnewende	Aequinoctium

Vakantie #2
Vacation #2

Bergen	Montes
Buitenlander	Peregrinus
Buitenlands	Aliena
Eiland	Insula
Hotel	Hotel
Kaart	Map
Kamperen	Castra
Luchthaven	Elit
Paspoort	Singraphus
Reis	Iter
Restaurant	Amet
Strand	Beach
Taxi	Taxi
Tent	Tabernaculum
Trein	Comitatu
Vakantie	Ferias
Vervoer	Nulla
Visum	Visa
Vrije Tijd	Otium
Zee	Mare

Vissen
Piscandi

Aas	Esca
Apparatuur	Apparatu
Boot	Navi
Draad	Filum
Geduld	Patientia
Gewicht	Pondus
Haak	Hamo
Kaak	Maxilla
Kieuwen	Branchias
Kok	Coques
Mand	Canistrum
Meer	Lacus
Oceaan	Oceanum
Overdrijving	Augendo
Rivier	Flumen
Seizoen	Temporum
Strand	Beach
Water	Aqua

Vliegtuigen
Airplanes

Afdaling	Descensus
Atmosfeer	Aeris
Avontuur	Casus
Ballon	Balloon
Bemanning	Cantavit
Bouw	Constructione
Brandstof	Esca
Geschiedenis	Historia
Hemel	Caelum
Hoogte	Altitudo
Landen	Portum
Lucht	Aer
Motor	Engine
Navigeren	Navigare
Ontwerp	Consilium
Passagier	Transeunte
Piloot	Gubernator
Richting	Versus
Turbulentie	Ferociam
Waterstof	Consectetuer

Voeding
Nutritionem

Bitter	Amara
Calorieën	Adipiscing
Dieet	Diet
Eetbaar	Edulis
Eetlust	Appetitus
Eiwitten	Servo
Evenwichtig	Libratum
Fermentatie	Fermentum
Gewicht	Pondus
Gezond	Sanus
Gezondheid	Salutem
Koolhydraten	Carbohydrates
Kwaliteit	Qualitas
Saus	Condimentum
Smaak	Saporem
Spijsvertering	Concoctionem
Toxine	Toxin
Vitamine	Vitaminum
Vloeistoffen	Liquores
Voedingsstof	Cibus

Voertuigen
Vehicula

Ambulance	Ambulance
Auto	Car
Banden	Tires
Boot	Navi
Caravan	Comitatum
Helikopter	Helicopter
Metro	Subway
Motor	Motor
Onderzeeër	Submarine
Raket	Eruca
Scooter	Scooter
Taxi	Taxi
Tractor	Tractor
Trein	Comitatu
Veerboot	Porttitor
Vliegtuig	Vivamus
Vlot	Ratis
Vrachtauto	Dolor

Vogels
Aves

Duif	Columbam
Eend	Anatis
Ei	Ovum
Flamingo	Flamingo
Gans	Anserem
Havik	Accipiter
Kip	Pullum
Koekoek	Cuckoo
Kraai	Corvus
Meeuw	Gull
Mus	Passer
Ooievaar	Ciconia
Papegaai	Psittacus
Pauw	Pavo
Pelikaan	Pelican
Reiger	Heron
Struisvogel	Struthionem
Toekan	Toucan
Uil	Noctua
Zwaan	Swan

Vormen
Figuris

Bol	Sphaera
Boog	Arc
Cilinder	Cylindro
Cirkel	Circulus
Curve	Curva
Driehoek	Triangulum
Hoek	Angulo
Kant	Parte
Kegel	Coni
Kubus	Cubus
Lijn	Linea
Ovaal	Ellipsi
Piramide	Pyramidis
Prisma	Prisma
Randen	Oras
Rechthoek	Rectangulum
Ronde	Circum
Veelhoek	Polygonum
Vierkant	Quadratum

Wandelen
Hiking

Berg	Montem
Dieren	Animalia
Gidsen	Duces
Kaart	Map
Kamperen	Castra
Klimaat	Caeli
Laarzen	Tabernus
Moe	Lassus
Natuur	Natura
Oriëntatie	Orientation
Parken	Parcis
Stenen	Lapides
Top	Culmen
Voorbereiding	Praeparatio
Water	Aqua
Weer	Tempestas
Wild	Fera
Zon	Sol
Zwaar	Gravis

Water
Aqua

Douche	Imber
Geiser	Geyser
Golven	Fluctus
Ijs	Ice
Irrigatie	Irrigationes
Kanaal	Canalis
Meer	Lacus
Moesson	Etesia
Oceaan	Oceanum
Orkaan	Procellae
Overstroming	Diluvium
Regen	Pluvia
Rivier	Flumen
Sneeuw	Nix
Stoom	Vapor
Verdamping	Evaporatio
Vocht	Umor
Vochtig	Humido
Vochtigheid	Humiditas
Vorst	Gelu

Weersomstandigheden
Tempestas

Atmosfeer	Aeris
Bliksem	Fulgur
Donder	Tonitrua
Droogte	Siccitate
Hemel	Caelum
Ijs	Ice
Klimaat	Caeli
Mist	Caligo
Moesson	Etesia
Orkaan	Procellae
Overstroming	Diluvium
Polair	Polar
Regenboog	Mauris
Storm	Tempestas
Temperatuur	Tortor
Tornado	Turbo
Tropisch	Tropical
Vochtig	Humidum
Wind	Ventus
Wolk	Nubes

Wetenschap
Scientia

Atoom	Atom
Chemisch	Eget
Deeltjes	Particulis
Evolutie	Praegressus
Experiment	Experimentum
Feit	Eo
Fossiel	Fossile
Gegevens	Data
Hypothese	Rum
Klimaat	Caeli
Laboratorium	Nulla
Methode	Modus
Mineralen	Mineralibus
Moleculen	Moleculis
Natuur	Natura
Natuurkunde	Physica
Observatie	Observatione
Planten	Plantis
Wetenschapper	Scientist
Zwaartekracht	Gravitatis

Wetenschappelijke Discip
Scientifica Disciplinis

Anatomie	Anatomia
Archeologie	Antiquitatis
Astronomie	Astronomia
Biochemie	Biochemistry
Biologie	Biology
Chemie	Chemia
Ecologie	Oecologia
Fysiologie	Physiology
Geologie	Nederlandicae
Immunologie	Immunology
Mechanica	Mechanica
Meteorologie	Meteorology
Mineralogie	Mineralogy
Neurologie	Neurology
Plantkunde	Botanicam
Psychologie	Duis
Robotica	Robotics
Sociologie	Sociologiae
Voeding	Nutritionem
Zoölogie	Zoologicam

Wiskunde
Math

Bol	Sphaera
Decimaal	Decimales
Diameter	Diam
Divisie	Divisio
Driehoek	Triangulum
Exponent	Exponent
Fractie	Fractio
Geometrie	Geometria
Graden	Gradus
Hoeken	Anguli
Omtrek	Perimeter
Parallel	Parallela
Rechthoek	Rectangulum
Rekenkundig	Arithmetica
Som	Summa
Straal	Radius
Symmetrie	Praeditis
Veelhoek	Polygonum
Vergelijking	Aequatio
Vierkant	Quadratum

Zakelijk
Negotium

Bedrijf	Dolor
Begroting	Budget
Belastingen	Tributa
Carrière	Curriculo
Economie	Parcus
Fabriek	Factory
Financiën	Finance
Geld	Pecunia
Inkomen	Reditus
Investering	Dignissim
Kantoor	Officium
Korting	Discount
Kosten	Sumptus
Transactie	Adhibe
Valuta	Monetæ
Verkoop	Sale
Werkgever	Dico:
Werknemer	Molestie
Winkel	Tabernam
Winst	Lucrum

Ziekte
Morbi

Ademhaling	Respiratorii
Allergieën	Allergies
Bacterieel	Bacterial
Besmettelijk	Contagiosis
Botten	Ossa
Buik	Abdominis
Chronisch	Inveterata
Erfelijk	Hereditaria
Genetisch	Triticum
Genezing	Sanitatem
Gezondheid	Salutem
Hart	Cor
Immuniteit	Immunitatem
Lichaam	Corpus
Neuropathie	Neuropathia
Ontsteking	Inflammatio
Sinus	Sinus
Syndroom	Syndrome
Therapie	Justo
Zwak	Infirma

Zoogdieren
Nullam

Aap	Simia
Bever	Castor
Coyote	Coyote
Dolfijn	Delphini
Ezel	Asinus
Geit	Hircum
Giraf	Panthera
Gorilla	Orci
Hond	Canis
Kameel	Camelus
Kangoeroe	Macropus
Kat	Felis
Konijn	Lepus
Leeuw	Leo
Olifant	Elephantis
Paard	Equus
Stier	Taurus
Vos	Vulpes
Walvis	Balena
Wolf	Lupus

Gefeliciteerd

Je hebt het gehaald!

We hopen dat u net zoveel plezier beleeft aan dit boek als wij aan het maken ervan. We doen ons best om spellen van hoge kwaliteit te maken.

Deze puzzels zijn op een slimme manier ontworpen zodat je actief kunt leren terwijl je plezier hebt!

Vond je ze mooi?

Een Eenvoudig Verzoek

Onze boeken bestaan dankzij de recensies die zij publiceren. Kunt u ons helpen door nu een mening achter te laten ?

Hier is een korte link die u naar uw bestellingen beoordelingspagina.

BestBooksActivity.com/Recensie50

FINAAL UITDAGING!

Uitdaging nr. 1

Klaar voor uw bonusspel? We gebruiken ze de hele tijd, maar ze zijn niet zo gemakkelijk te vinden. Hier zijn **Synoniemen!**

Noteer 5 woorden die je ontdekt hebt in elk van de onderstaande puzzels (nr. 21, nr. 36, nr. 76) en probeer voor elk woord 2 synoniemen te vinden.

Notitie 5 Woorden uit *Puzzle 21*

Woorden	Synoniem 1	Synoniem 2

Notitie 5 Woorden uit *Puzzle 36*

Woorden	Synoniem 1	Synoniem 2

Notitie 5 Woorden uit *Puzzle 76*

Woorden	Synoniem 1	Synoniem 2

Uitdaging nr. 2

Nu je opgewarmd bent, noteer 5 woorden die je ontdekt hebt in elke hieronder genoteerde puzzel (nr. 9, nr. 17, nr. 25) en probeer voor elk woord 2 antoniemen te vinden. Hoeveel regels kan je doen in 20 minuten?

Notitie 5 Woorden uit *Puzzle 9*

Woorden	Antoniem 1	Antoniem 2

Notitie 5 Woorden uit *Puzzle 17*

Woorden	Antoniem 1	Antoniem 2

Notitie 5 Woorden uit *Puzzle 25*

Woorden	Antoniem 1	Antoniem 2

Uitdaging nr. 3

Prachtig, deze finaal uitdaging  is makkelijk voor jou!

Klaar voor de laatste? Kies je 10 favoriete woorden die je in een van de puzzels hebt ontdekt en noteer ze hieronder.

1.	6.
2.	7.
3.	8.
4.	9.
5.	10.

De uitdaging is nu om met deze woorden en binnen een maximum van zes zinnen een tekst te schrijven over een persoon, dier of plaats waar je van houdt!

Tip: U kunt de laatste blanco pagina van dit boek als kladblaadje gebruiken!

Je schrijven:

NOTITIEBOEKJE:

TOT SNEL!

Linguas Classics

GENIET VAN GRATIS SPELLEN

GO

↓

BESTACTIVITYBOOKS.COM/FREEGAMES

www.ingramcontent.com/pod-product-compliance
Lightning Source LLC
Chambersburg PA
CBHW082058120626
46553CB00011B/3459